imaginist

想象另一种可能

理
想
国

imaginist

记录　　探索　　审美

主　编　许知远
肖海生

○ 话题

003　亡命者的横滨　许知远
017　夏多布里昂的碎镜子　覃里雯
035　弗罗茨瓦夫：一场风暴的结语　刘子超
057　在伊斯坦布尔等待　梅根·戴

⋈ 访谈

067　世象繁花——金宇澄访谈　郭玉洁

＋ 影像

095　比夜晚还要黑暗的东西　朱墨

△ 报道

111　小城　李静睿

≋ 随笔

149　蝙蝠人之城　于威
157　失踪的父亲　庄秋水
175　先知　邹波
193　关于性别的联想　科迪莉亚·法恩
209　雅典之爱　张宇凌

◫ 书评

237　沈昌文的小书架
239　文、学、史的大手笔：米尔斯基《俄国文学史》　江弱水
257　作为僵尸的历史：麦考莱《英国史》　刘铮

○ 话 题

003 亡命者的横滨
许知远

017 夏多布里昂的碎镜子
覃里雯

035 弗罗茨瓦夫：一场风暴的结语
刘子超

057 在伊斯坦布尔等待
梅根·戴

对于试图改变中国面貌的革新者，横滨似乎是个绝佳的落脚点。

亡命者的横滨

撰文 许知远

一

这就是现代中国政治与思想革命的摇篮吗？

我从“朝阳门”进入中华街。在纽约、曼彻斯特、墨尔本、旧金山，我都见过这雕龙刻凤、蓝红交接的高大牌楼，它们就像“天下为公”的口号、玻璃橱窗里的烧鹅一样，是唐人街最显著的标志。

比起从伦敦到曼谷，横滨的中华街似乎更为兴盛，仅仅牌楼就有七个，有着“朱雀门”、“玄武门”这样的威武之名。料理店、杂货店一家接一家，人群拥挤，活力四射。倘若你从横滨疏阔、寂寥的海边大道转入，更是会被眼前庞杂、喧闹、元气充沛的市民生活所感染。它不是仍勉强存活的博物馆，而是新兴的旅游景观。

我在街道上穿梭，兴奋又茫然：哪里才是那群“亡命者”的踪迹？

孙中山的兴中会成立于夏威夷，它真正的成熟却是从这里才开始的；梁启超在此编辑了《清议报》与《新民丛报》，卷入了一场浩瀚的知识冒险。直到1905年中国留学生大批涌入东京前，这中华街才是新的思想与行动的汇聚地。

这似乎也是历史的必然。横滨常被称作日本现代文明的摇篮，最早的使馆、第一份报纸、第一家咖啡店、第一份电报，都在这里诞生。倘若长崎代表了幕府时代日本与世界的联结，横滨则是明治时代的象征。自1863年开港以来，西方力量正是从此港口涌入日本的。与香港、上海一样，横滨上演了一幕从小渔村到新文明中心的戏剧——因为缺乏自身的历史与传统，它们反而在新浪潮中脱颖而出，更顺利地接受了一套崭新的价值、制度、思维方式、生活习俗。

中国人也是横滨的第一批抵达者。他们以英国、法国洋行的翻译、买办、随从的身份到来。在这个新口岸，他们成为了西方人与日本人的“中间人”。他们在广州、香港接受了东西方商业交易的训练，与日本人分享同样的汉语教育——即使不能交谈，却能用笔谈。移民紧接着涌来，他们大多是广东、福建的底层人群，以“三把刀”——裁缝刀、剃刀、菜刀——在此展开生活。

与前往旧金山或是南洋的华人不同，横滨的华人面临更富戏剧性的情绪。日本在19世纪下半叶的崛起恰与清王朝的衰落形成鲜明对比，崛起的日本进而在1895年的战争中击败了清国，又在1905年击败了俄国。对于中国来说，这既是屈辱也是希望的来源——倘若一个长期生活于中国阴影下的岛国都能在一代人的时间里完成转变，那么中国为什么不可以？

对于试图改变中国面貌的革新者，横滨似乎是个绝佳的落脚点。它逃脱了清政府的控制，又与上海、广州的距离足够近；它的码头通往南洋、欧美；它也处于昔日的汉文圈的影响中。日本的政客与浪人中，仍有不少汉文化的欣赏者。或许出于对未来中国影响力的现实需求，又或许出于对西方势力的焦虑，也可能是出于对中国的文化情感，他们资助与鼓舞这些来自中国的“异端人物”。

很少有人记得、关心这些往事。先是 1923 年的关东大地震，然后是 1945 年的轰炸，中华街两度被夷为平地，中断了它与昔日的联系。只有在少数地点，你才能感受到往日的情绪。会芳亭令人想起 19 世纪末那个著名的餐厅会芳楼，而关帝庙、中华会馆与横滨中华学校犹在。

二

“你有我的四本书吗？”每当听不清我的问题，或是对自己的记忆不确信时，王良就会重复一句，然后指着桌上纸袋里的四卷《国父与横滨》。在封面上，孙中山穿三件套西装，两手插在口袋里，英气勃发，正是国民党正史中的典型形象。你很难想象，除去少部分时刻，他的一生是无穷的失败。

王良身材高大，东北口音浓烈又洪亮，灰色西装得体而随意，像是典型的老派读书人。若不是行路时需要略微搀扶，你根本想不到他已经九十三岁。当地人说，若你要问那些革命遗事，可能只有他知道。他曾是当地华侨中学的老师，编纂过横滨的华侨志，是本地华侨社会一名公认的知识分子。

在横滨的中华会馆里，他如约而至。墙上悬挂着各式的孙中山纪念海报，还有一张马英九的照片——端庄得令人乏味。一个曾经生机勃勃的革命党已变成一个陈腐的执政党。

他是个坚定的国民党员，随着海外漂泊的时间，这信念愈发坚定。他是辽宁人，十一岁时日本人占领了东北，随即将逊位多年的溥仪扶上皇帝之位，他作为满洲国的子民，接受日文教育。在哈尔滨的一所大学读书时，班里的同学既有中国人，也有日本人、韩国人，他们相处无虞，像是某种新的东亚秩序。“日本人在东北的统治很正常，没什么残暴的记忆。”他说。

但他不相信这种秩序，十九岁时秘密加入了国民党。那是 1939 年的哈尔滨，东北正处于日本统治的高潮时刻，国民党领导的内地中国是不折不扣的敌国，他为此付出了两周监狱生活的代价。

他经历了国民党的辉煌一刻。1945 年秋天，日本投降了，国民党是领导者。但接下来，形势变得被动，迅速兴起的共产党获取了优势。作为一个县级的国民党书记，他跟随溃败的军队逃往北京，然后又逃往南京，进入中央训练学校，蒋介石是他们名义上的校长，他对他充满崇拜。但这位校长的溃败不可遏制，他还算幸运，登上了一艘前往台湾的船只。在新竹与台中，他成了教育界的一员，每日听到与看到“反攻大陆”的讲话与标语，心中暗暗明白恐怕回不去了。

他的命运在1964年再度发生转变——应朋友之邀（也是一个东北人），他来到横滨的中华学校任教。身处风雨飘摇中的台湾，这是个不坏的选择，他往日的日文教育也有了用处。

这可不是普通的华侨学校，它的创始人正是孙中山。当一群横滨华侨在1897年想创办一所中文学校时，华人在此地生活的历史已经接近四十年，高峰时期有七千人之多。华侨们期望这所中文学校能提高华人子女的教育水准，当地已经有了关公庙、妈祖庙、中华会馆，却没有一所学校。他们找来孙中山商议，在失败的广州起义之后，孙中山一直在全球的唐人街演讲、募捐，说服那些只想逃避政治的华侨支持一场他们无法理解的革命。在大部分时刻，说服他们依靠的是乡情与血缘，而非政治理论。华侨们大多来自广东一带，跟他说同样的语言，吃一样的叉烧饭。

孙中山给学校起名为“横滨中西学校”，期望它能沟通中西文化。他深知教育对于政治动员的重要性，“革命之前须有教育，革命之后须有教育”。不过，他无暇顾及具体教学，便推荐了一位广东青年梁启超来任教。当时的梁不过二十四岁，却声名显赫。两年前，他辅助老师康有为发动公车上书，如今正在上海忙于编辑《时务报》。

最终，梁启超的同学徐勤前来任教。他也是康有为的忠实信徒，他将校名改为“大同学校”，以呼应老师的思想与著作——康有为着迷于他“世界大同”的理想。

徐勤延续了中西合璧的教育方向，学生们既学日文也学英文，他还通过耻辱教育激发学生的爱国热情，在教室黑板与课本上都书写十六字口号“国耻未雪，民生多艰，每饭不忘，勖哉小子”，希望学生牢记读书的目的是“一曰立志，一曰读书，一曰合群，一曰遵教，一曰报国”。学校的第一批学生中就包括苏曼殊与冯自由，他们日后都成了中华民国的重要人物。

但分裂也自此开始。尽管孙中山与康有为都以缔造现代中国为己任，却选择了不同的道路，个人性格更是大不相同。康有为仍是既有秩序中的异端，当他写作《孔子改制考》时，仍期望借孔子之口来推动变革，他以光绪皇帝的顾问自居，不管是在百日维新的北京，还是日后的流亡生涯，他总将希望寄托在皇帝身上。但孙中山却是不折不扣的反叛者，他在夏威夷和香港接受的西洋教育，而非在儒家典籍中成长。他曾短暂地将希望寄托于李鸿章这样的洋务派身上，但很快就发现，这个清王朝不是变革的推动者，而是变革的阻力，是一个必须被推翻的对象。

学校就变成了流亡海外的“革命派”与“保皇会”的斗争之地，他们都希望争取到海外华侨的支持。这斗争也延续得比任何人想象的更长，清王朝被推翻了，革命成功了，也无皇帝可保了，但斗争仍在继续。

当王良1964年来到横滨时，斗争的双方不再是“革命党”与“保皇会”，而变成了“国民党”与“共产党”。横滨中华街陷入了分裂。共产党占据了整个中国大陆，国民党只有台湾一岛。但当时台北才是联合国的正式代表，外交关系是在东京与台北之间，而非东京与北京之间。海峡两岸的军事行动结束了，他们的争夺却又延续到了海外的华侨社区。每年的十一与双十，都能看到先是一片五星红旗，然后又是漫天的青天白日旗，双方都争相让自己的游行、舞狮活动更精彩。有些时候还会大打出手，教师与学生变成了战士，争夺或者保卫学校。王良仍记得“文革”中那些激烈的场面，作为一名国民党员，他要捍卫“自由中国”，即使它是在别人的国土上。

他开始了对当地华人历史的研究，尤其是晚清时以孙中山为中心的革命史研究。他寻找到那些支持过孙中山的家庭与个人，也遍访昔日革命者的遗迹。这也是一次新的发现旅程，被不断的革命、战争与动荡左右的中国，从未认真对待自己的历史遗产。即使当台北与北京都宣称自己是孙中山的继承人时，它们也都对这源头缺乏知识与兴趣。这也像是命运的另一种轮回。他在一个傀儡式的清王朝皇帝的治下成长，将日语当作了另一种母语，然后加入反对这秩序的力量，最终他又来到日本，研究推翻清王朝的革命者。他的努力最终汇聚成这四本文集。

“总是背着手一个人在屋里走来走去，低着头想”，他也“不抽烟，很少喝酒，喜欢吃凤梨、苹果”……在王良的《国父与横滨》中，我读到这些断片。这是一个名叫温惠臣的华侨对孙中山的回忆。如今人们都熟记孙中山所说的“华侨是革命之母”，却忘记了这“革命之母”最初是怎样充满猜忌地看待这些革命者的。在1895年的广州起义后，孙中山不过是一名被悬赏通缉的在逃犯，即使1897年他因在伦敦的蒙难而扬名国际后，也仍是这些海外华人社会中的“异端”，只有那些最大胆、异想天开的人才敢接近他。

温惠臣十五岁时成为第一期同盟会会员，负责给孙买日用品，偶尔也去船上扛东西，后来他才知道那是军火。他剪掉了辫子，却又需要辫子。“辫子是假的，缝在帽子上，到外面去时戴上帽子，回到家就一丢，变成了光头。不然的话，当时的华侨社会会指着鼻子骂。”流亡中的孙中山陷入习惯性的孤立，他要防止清王朝在当地的暗探，要忧虑下一次起义的武器与经费，要与康有为、梁启超的保皇党争夺影响力……

他也生活于中日两国政府的夹缝里，个人的际遇随时因为两国关系的变化而变化。康有为因为北京的压力而离开日本，流亡者们则随时处于日本的监视之下。

在日本外务省外交史料馆的《各国内政关系杂纂·支那之部·革命党关系（含流亡者）》中，你可以看到很多这样的报告：神奈川县知事浅田德向外相青木周藏报告“清国流亡者梁启超于昨 7 日下午 6 时许由东京来滨，投宿于居留地 139 番清议报馆内，估计本日将住在本地”，或是“清国人梁启超昨 17 日来滨，于原居留地 139 番清议报馆投宿中，本日下午 11 时 35 分乘当地始发火车回京，滞在中无异常”。作为革命者的孙中山比保皇者梁启超遭遇了更严密的监视。

三

对我来说，梁启超比孙中山更富吸引力。“《清议报》的第一至三十一号是在山下町一百三十九番地，如今是山下电气；第三十二至七十号则是在山下町二百五十三番地，如今是自卫队横滨募集事务所……”在王良的书中，我查到了这些信息。

当《清议报》在 1898 年创刊时，梁启超刚刚从一场政变中逃离出来，成为一名被悬赏的流亡者。听闻昔日的改革盟友惨死刀下，得悉光绪皇帝被囚禁于瀛台之中……他必定陷于悔恨、愤怒、无能的复杂情感中。他失去了真实的政治舞台，却创造一个虚拟的舞台。

“维持支那之清议，激发国民之正气；增长支那人之学识；交通支那、日本两国之声气，联其情谊；发明东亚学术，以保存亚粹。”在发刊词中，梁启超为《清议报》设定了这些宗旨。在封面上，他还起了英文标题 *The China Discussion*，发行日期以孔子纪年——孔子二千四百四十九年，光绪二十四年岁次戊戌。这英文译名与纪年方式都显示了这份杂志身份与视野的多样，它想沿袭中国文人的清议传统，也想建立现代意识的公共讨论空间；它承认现有王朝的合法性，又期望将自己与更漫长的儒家传统相连。

几乎从第一期起，这份旬刊就建立起稳固的叙事。“勤王”固然重要，但更重要的是对一个新知识世界的探索。中国在19世纪末开始的转型，不仅是政治制度、军事和技术上的，更是知识、思想与价值观上的。梁启超的杂志是这新知识的主要来源。在20世纪初的中国，每旬出版、栏目众多的杂志不啻为一项崭新的冲击。他的《清议报》与之后的《新民丛报》被偷偷运回上海，然后在全国的知识青年中广泛流传。科举制度已遭普遍唾弃，四书五经不能应对外部挑战，中国日后的缔造者，不管是胡适之还是毛泽东，都是他热情的读者。

日本是梁启超新知识的主要来源。倘若美国学者任达的判断没错，那么1898至1907年的中日关系是被遗忘的“黄金十年”。这十年间，日本在中国的现代化中“扮演了持久的、建设性而非侵略的角色”。这些在日本的中国流亡者，也正是“建设性力量”的一部分。

但他们的影响有多重要？任达相信，这些流亡者“都在思想革命中扮演了一定的角色，但他们的角色到底只是边缘性的……他们仅能以有限的讯息影响有限的听众，没有参加本土新思想的制度化活动。思想革命的真正英雄是千千万万不知名的人们……（他们）把中国从以中国为中心的背景下移到了世界历史的主要舞台上”。

四

王良感慨于本地华人对历史的无知，只关心物质利益。

走在这喧闹的街头，我心生疑惑：这就是那个康有为、梁启超、孙中山的中华街吗？他们是怎样将这些小业主动员成为政治行动的支持者的？每夜用算盘计算一日进账的人，为何能一次次倾囊而出，去支持一项他们很难理解的政治设计？

从开港以来，华人就是这座城市最大的外国人群体，如今其他外国人社区早已消失，中华街却继续兴盛，成了横滨最重要的景观之一。但它似乎仅仅是景观，它漫长复杂的历史、庞大的人群没有转化成某种更持久与更具创造性的东西。三把刀中的剃头刀与裁缝刀都消失了，但菜刀却变得更重要了。比起一个世纪前,中华街的料理店更多元了,除去广东菜,四川、上海、台湾菜也随处可见。尤其是四川的麻辣,因为新移民与中国游客的涌入而迅速兴起。横滨中华学校旁,正是巨大的、外围像路易威登店的重庆饭店。

如何将一群去政治化的华侨动员为“政治人”,是孙中山的志业。而对于梁启超来说,只有彻底将中国人改造成“新民”,才可能缔造出一个富强的中国。

也正是在此地,梁启超写出了《新民说》。他意识到,倘若不能建立现代国民,就不可能塑造出一个富强的国家。他要唤醒那些沉醉于个人利益、狭隘乡情、缺乏公德的海外华人社会。最初的“反叛者”——不管是革命者,还是保皇者——正是期望将这些底层人动员起来,让他们政治化,以提供精神、物质、人员的支持。而孙中山、康有为、梁启超这些动员者,都来自相距不远的广东乡间,他们也都是清国庞大的学者官僚系统的边缘人。当他们试图从权力中心改变这个国家时,都惨遭失败。他们在海外庞大的边缘人群中再度恢复元气,获取支持,并进行无休止的内部斗争。

很有可能,中国没有变成他们期待的样子,他们的革命与改良之争似乎在一个世纪后仍未过时,横滨的中华街似乎又回到了它本来的样子——关公庙的香火仍旧旺盛,在华侨心目中,这位财神实在比任何神灵都更重要……

人到中年，一切都变得无情地清晰，就像在被自己摔碎的镜子里看到少年的憧憬，而在镜子的背面，满足的愿望也随即被遗忘。

夏多布里昂的碎镜子

撰文 覃里雯

一

Le Midi，法国南部，古法语的正午，也是南方，正午和南方都是太阳所在的地方。初相遇不久，L 就想要带我重返这个他心中的期许之地。那时我热爱粗糙新鲜的奇遇，一直没被他描述的度假圣地打动，置若罔闻地领着他在我的路线上绕圈子。但领队人渐渐发现，无论去到哪里，他都会发现那些让他想起法国南部的地方，从慕田峪夏日闪亮的栗子树叶，千岛湖响亮的蝉鸣，苏梅岛春季的繁花，到意大利北部的旖旎山路。他愉快地享受着广大世界的款待，一路却捡起某些碎片放在眼前端详，通过那细碎的镜像，梦想重回 le Midi。

十年之后，我用光了拖延的理由，L 终于能催促我早早定下假期，跟朋友借了他们位于圣马克西姆（Sainte-Maxime）的度假公寓的钥匙。

Le Midi，这个 20 世纪浪漫的最高符号，并不包括整个法国南部，而是一个环绕地中海、与西班牙和意大利接壤的带状地区，包括亚奎丹，南部—比利牛斯，朗格多克—鲁西永，普罗旺斯—阿尔卑斯—蔚蓝海岸，科西嘉岛，隆河—阿尔卑斯和普瓦图—夏朗德。圣马克西姆虽然与尼斯、戛纳都在普罗旺斯—阿尔卑斯—蔚蓝海岸区域，但远不及后二者的名气。戛纳在中国广为人知，原因除了著名的戛纳电影节，还有 2012 年的一场政治风波：那里的一座临海别墅压垮了中国政坛的一位枭雄。买家为此制作的“幻灯片是动感的，三秒钟切换一张图片，有英文的诗，还有音乐伴奏”，可能是贫瘠的革命年代孕育的中国权贵子女最高的审美想象，也到底落了

“白茫茫大地真干净”的中国式结局。

若从戛纳的故事开始引入了不起的法国文豪和可疑的政治家夏多布里昂，倒是一个好的开端，那里有过更值得历史铭记的野心。曾任拿破仑时代和波旁王朝外交官的夏多布里昂，则留下了这段历史中最荡气回肠的亲历记录，以至于雨果在小学作业本里写下：“要么成为夏多布里昂，要么一无所成。”夏多布里昂在1797年拿破仑离世后曾到戛纳参观，在那里，有一个客栈主人曾接待过从流亡禁锢中登陆戛纳、重返法国的波拿巴。他领着夏多布里昂路过拿破仑曾栖身其下的橄榄树和他上岸时存放衣物的厂棚，他们在海滩上看到“水面似镜，波澜不兴……海湾里只停泊了一条大船、两条小舢板。左边看得见昂蒂布灯塔，右边看得见莱汗群岛，正前方是朝南，朝那个罗马城敞开的深海。波拿巴一开始打发我去的就是罗马。”

在他庞大而优美的《墓畔回忆录》里，夏多布里昂解释了这些岛屿的来路。莱汗群岛是古代欧洲人躲避蛮族入侵时开辟的新定居所。公元5世纪，古高卢人（高卢即今日的法国）圣奥诺拉“从匈牙利逃出来，登上这里的一座礁岛，爬上一棵棕榈树，划了一个十字，所有毒蛇就死了，这也就是说异教消失了，在西方诞生了新的文明”。传说圣奥诺拉所建的岛上修道院里的最后一个独居者，就是著名的铁面人。

暮年里回忆自己曾站在戛纳海滩上的时辰，夏多布里昂的惆怅层叠潮涌。当年他面对拿破仑离世后一个行将消逝的世界感到悲怆，但几十年后从跌宕的人生中又回想起那个沙滩上的时刻时，复杂的情绪让他难以自持："我目击了两三个王朝的覆亡……见过华盛顿与波拿巴这两个人物……我为什么要比我生活的时代和同代人活得更久呢？……我没有勇气继续下去。"

那些在非洲遇到的无忧无虑的阿拉伯老人，"他们……两眼望着蓝湛湛的天空，目光随着那沿着迦太基废墟飞翔的魅力的火烈鸟移动……波涛的轻声细语在给他们催眠，让他们依稀忘记自身的存在，轻轻哼起一首大海之歌：他们就要死去。"是的，即便是贪婪者也并不赞美贪欲，而更愿借身于雄心的光辉斗篷，但最终，被权力和财富的性格吞噬的个人也会感到悲伤，这些对戛纳而言都不是新鲜事。

二

我们到底没去戛纳，而是在 7 月下旬到达距离戛纳不远的海港尼斯，从那里驾租来的车沿海边棕榈大道向东南缓行，全球各地涌来的游客让南法所有的公路都拥堵不堪。沾了鸟屎的车窗外，天空、沙岸、自行车和女孩身上的比基尼、孩子手里的皮球，34 摄氏度的阳光和淡淡的水汽把一切都调成了糖果色。蔚蓝海岸（Côte d' Azur）像一张巨大漫长的美国60年代牙膏广告画，无辜、甜美而新鲜。

朋友的公寓在圣马克西姆一个有围墙和电动铁门的封闭小区里，外面看起来和中国十多年前的建筑差别不大，但喘气的狭窄电梯泄露了它半个世纪的高龄。楼下花坛里的薰衣草已经被阳光烤枯，但密集的夹竹桃开得正旺，略带危险的闷香。公寓的塑胶地板装饰了红砖纹路，条纹布沙发已经褪色，老式的实木桌椅也已开始剥漆。沙发上有一幅印象派画的海报，画的像是南法的咖啡馆外景，正中一个优雅的女子正在招手叫服务生，餐桌上的镜框环绕着仿中世纪的水果静物油画。沙发旁有个小书架，放满了德文书，中间夹杂一些英文小说和一本《法国当代艺术史》。这景象雷马克在《凯旋门》里写过："好的就是好的，坏的就是坏的，不好不坏的，他看着都无所谓。"

但这时L使劲把阳台的木制遮阳板拖开了，结束了这个无所谓。呼啦啦的一阵，带香气的风扑了进来，带着楼下游泳池里孩子的喊叫。层叠的橙色屋顶之后，地中海托着隐隐绰绰几艘游船，像一汪果冻，去往圣特罗佩（Saint Tropez）的渡轮正在离开视线。这边对着的是缓和起伏的丘陵，大伞一样的金松和高瘦的棕榈之间，蘑菇般地长满意大利北部风格的别墅。最美的一座，有长长的凉台延伸向海，上面挂着古罗马庭院装饰的白色幔帐。在后来近半个月的时间里，我们几乎每天都坐在阳台上，看着日落时分的海光山色吃晚饭。

当星空从山后显现，慢慢笼罩海湾，安托万·德·圣埃克絮佩里的名字就会在脑子的角落里微微闪亮。法国南部是这位贵族作家兼飞行员无数次飞过的地方，但他对此几乎一字不提。他越过平缓的群山和地中海，去往北非的沙漠。在埃及，他驾驶的邮政飞机曾坠毁，差点儿丧命。贝都因人偶然拯救了严重缺水的他和机械师，当时他们已经产生了幻觉，这些幻觉构成了此后《小王子》中的片段。这本童话的过度成功，遮蔽了他作为骑兵和邮政飞行员的过去，以及他作为记者为《巴黎晚报》、《玛丽安》和其他媒体做的那些动人的战地报道，还有印度支那和远东、地中海、苏联和莫斯科，以及子弹横飞的西班牙内战——这些都收集在《镜子中的碎片》里。

因为不像海明威一样自恋，炫耀武器、情史和伤疤，他常被不求甚解的读者误认作一个内心柔弱、逃避现实的小知识分子。但这或许正是作者想要的，富于同情、与弱者在情感上结盟，使他们不感到孤独，能保卫他们。1939年，在被遣离法国军队之后，他来到纽约，希望说服美国军队一起抵抗纳粹，以《告美国人书》为欧洲面对纳粹时的软弱做出辩护："这些人是弱小的，也是可以原谅的……我们很清楚我们为弱者而战，我们并不期望在敌人刚刚发起进攻的时候他们就被派往前线。”但是他提醒强大的美国需要负担自己的责任，“你们，是一个强大的传声筒，受到海洋的保护，你们的海军、军队、人民是强大的，你们什么也不怕，难道你们不该像蓬斯·比拉特一样，建议你们的同胞洗刷这一与你们可能并无关系的耻辱吗？”

1944 年春季，他驾驶侦察机回到法国，盛夏时节就连人带飞机消失在这个海域，六十年后飞机残骸才在普罗旺斯—阿尔卑斯—蔚蓝海岸的首府马赛附近的海底被找到。“每一颗星星都有一口井，上头都有一个生绣的滑轮，每一颗星星也会为我沁出甘醇的井水给我止渴。”高贵的灵魂……他的飞机失踪的日期正好是我们到达这里的整整七十年前。关于布满酒庄的南部法国，他没有留下什么可资铭记的字句，这只是他飞向更广大世界的中间地带。

强大的美国海军、军队和人民到底来到了南部法国，在蓝色海岸地区，美国依然是亲切和值得尊敬的二战盟友，而不仅仅是令人鄙夷的喧闹游客和不上档次的好莱坞电影产出国。圣马克西姆是盟军登陆的地方，迄今尚有纪念碑。夜晚在市区中心海滩和停满小游艇的港湾散步，露天酒吧和露天演唱台上，留着长卷发的歌手还在一首接一首地唱《一切为你》([Everything I Do] I Do It For You)和《我心永恒》(My

Heart Will Go On），声震云霄，赶上了中国县城卡拉 OK 的声势。

或许这会让返回的海军陆战队队员和他们的后代感到亲切，就像在东南亚的酒吧里“怀旧老歌”抚慰着美国驻军和水手一样；在车程一个小时的勒拉旺杜（Le Lavandou）还有一家与纽约著名的 Cotton Club 同名的夜总会。战争留下的要远远多于废墟和弹药的碎片，但或许这些流行文化只是所有人出于念旧而心甘情愿地共同贫瘠，是一种令人心暖的异化……我们并不总是明白文化、行为和习惯的后果：人如何被他遥远的想象所塑造，最后变成他的想象本身，就像圣埃克絮佩里越过地中海，想象自己消失在沙漠的星空。但法国又塑造了他人的想象：在从勒拉旺杜乘船前往克罗港（Port-Cros）岛的渡轮上，一个意大利女人忽然登上船长室，从喇叭里向她的爱人求婚。面对这精心策划的想象中的法式浪漫，乘客们鼓起掌来，男人冲上去把女人领下来拥吻，法国人家的六七岁男孩倦怠而又好奇地看着，海上的盛夏阳光让他眯起了眼睛。

三

每天傍晚，总有一辆垃圾车会在我们散步时出现，有时候是6点，有时候是8点或者9点，甚至10点。不管我们什么时候吃完晚饭，只要一出门，垃圾车就会像前东德的斯塔西一样准时出现，轰鸣着，慢悠悠地开开停停。副驾驶座上跳下来一个英俊的小伙子，把路旁的各色塑料垃圾桶拖到车后，机械臂自动把垃圾倾倒在卡车的大肚子里，小伙子把垃圾桶拖回原位，再跳回副驾驶座。他干这些事的时候就像在度假，轻松而散漫，车子在整条街留下了一长条固体般的酸臭空气。路旁有一家设在巴士里的披萨店，深夜都有顾客，其中有一个男人每天带着五岁左右的儿子前来，孩子手里总是抱着一个褪色的绿色布制恐龙；老太太们都在发胖，穿着从街边小店或超市里买来的衣裙。L说，法国老太太从前是不发胖的，她们曾经个个优雅纤细，这些年一定发生了什么。

圣马克西姆充满了这般家常夜景，虽然从街上的汽车和生活状态上看得出此地的安康，但也只是个相对富足的中产城市，海港附近大量建于60年代至80年代的普通公寓楼也证明了这一点。长长的海滩上除了私人别墅和豪华酒店，还有很多为普通家庭保留的沙滩（连带细心搭好遮阳篷的免费停车场）和度假拖车“旅馆”，也就是收费供停拖车和安营扎寨的沙滩。L说起自己第一次到这里独自度假的遭遇：“那时候我还是高中生，没钱住旅馆，就带着帐篷到停车场转悠。有一家人同情我，给我在他们的帐篷中间留了个地方。第二天一早我就被保安赶了出来，没面子透了，哈哈哈。”听起来好像这让他很愉快似的。

从有漂亮白色灯塔的港口坐船半小时，就能到达被巴黎的朋友形容为“bling bling”（金光闪闪）的圣特罗佩。渡轮迫近港口时，巨大的私人游艇就会像《星球大战》里的帝国军队飞船一样出现，悄无声息，庞大而阴险莫测，高及四层小楼。它们大多数悬挂英国国旗，顶着武器一样尖锐的船头驶进港湾，排队罗列在游人拥挤的港口，俯视着目瞪口呆的游客和他们身后售卖廉价旅游商品的店铺。英俊如蜡像、晒得肤色深棕的服务生在甲板上忙碌，给斜躺在船尾柔软大沙发上的富豪和女人递送酒水，后者假装没有注意到自己在被岸上的游客排队拍照，享受着他人嫉羡之心的抚慰。这场景如此荒诞，反倒有些意外的诙谐和亲切。圣特罗佩最早只是一个美丽的小渔村，和欧洲许多度假名城一样，也是在“二战”后的复兴阶段才为人所知的。这还要部分归功于五六十年代新浪潮艺术家们的涌入，过去半个多世纪里，这里慢慢成了中产阶级参观的富豪动物园，以及富豪们炫富的一个竞技场。

一个被抽脂留下印记的女人摇曳着走进小巷，她长长的双腿看上去像凹凸不平的木棍，穿着流苏及地的皮靴，像一头受伤的动物。她走过成排的奢侈品店铺，向可可香奈儿酒店长满棕榈树的院子里仔细凝望，店铺里头发向后梳得油亮的经理面无表情地看着她的背影。

Owning a home with no silver spoon

我有个住处但不是巨富

I'm drinking champagne like a big tycoon

我喝着香槟就像个大亨

Sooner than wait for a break in the weather

等着吧就在天气转好之前

I'll gather my far-flung thoughts together

我就会收回胡思乱想

Speeding away on a wind to a new day

乘快风开始新的一天

—— Pink Floyd ,"San-Tropez"

平克·弗洛伊德,《圣特罗佩》

被罗马的尼禄皇帝在比萨城砍头的那位殉道者圣特罗佩的尸体和一只狗、一只公鸡一起漂流到这个海岸，给这里留下了名字。罗马的古老爪痕印满了整个南部法国，除了高架引水桥、圆形剧场、城墙和别墅的废墟，还有声震四方的古代战场。就连“普罗旺斯”（Provence）这个名字，都来自古罗马拉丁文“行省”（Provincia）。公元前121年，罗马人征服了阿罗布洛及斯族，在外高卢南部建立奈波高卢行省，简称行省，沿袭至今。高卢是罗马得以成为帝国的一个重要台阶：恺撒大帝是靠征服高卢积累的势力和财力，才得以从守旧的贵族手中夺取权力，推动罗马走向帝国的关键改革。帝国边缘孕育的力量改变了帝国，但边缘的命运却由帝国决定，一同繁荣，一同衰落。

本想到普罗旺斯一些著名的罗马废墟旧址观光，但南法丘陵和群山遍布，山路崎岖漫长，一日往返还是有些吃力。我们秉承悠闲至上的度假原则，选了较近的艾克斯城（Aix en Province），即便地图上看着不过一指距离，单程也是两个小时。车子在狭窄的山路上跟呼啸的本地车辆擦肩而过，让我胆战心惊。在全世界你都会看到这样的情景，常在山区里出没的司机，因为习惯了山路驾驶，会产生一种过度的安全幻觉。而南部法国又充满不太在乎法规的飙车狂，让路况更富挑战性。L的一个侄子前两年在南法租了一辆车，上山路没多久，左边后视镜就“啪”地被对面来车撞飞了。他只好回到租车行，重装了一个新的后视镜，接着上路，没开几分钟，啪的一声，后视镜又被撞飞了……

如果一个古罗马人看见这个场景，一定只会捧腹大笑，因为现代人的冲突大多也就仅止于此。罗马人的生活则只是战争的副产品，一千两百多年的历史里有七百二十一年在跟波斯开战，更不要提四面八方从未止歇的其他征战和应战。这些，普罗旺斯当然也熟悉。

从圣马克西姆越过群山去往艾克斯，会经过一个决定性的罗马战场——埃奎亚·塞克斯提亚（Aquae Sextiae），那里如今只是车窗外飞速掠过的一个白云悠悠的美丽山谷。公元前122年罗马人率先在艾克斯建城，十来年后，北方（今日斯堪的纳维亚南部和丹麦境内）的日尔曼条顿人、辛布里人和阿姆博人部落就大举南迁至此。这些日尔曼部落，后来德国人的祖先，也就是罗马史书中所说的“北方蛮族”，一路攻城略地，鼓动当地部族反抗罗马人的统治，重创罗马强兵，史称“辛布里战争”。不过，日尔曼人最终在埃奎亚·塞克斯提亚被精明的罗马执政官马略（Gaius Marius）击败，300名被俘的日尔曼女性集体自杀，罗马人还写入史诗，以此歌颂日耳曼人的英雄精神，而条顿国王被俘后遭示众处决。这些战争中的英雄后来引发了希特勒对“日耳曼民族英杰”的狂想，不过更重要的是，曾令罗马人胆寒的“北方蛮族”从此一蹶不振，直到他们当中被俘奴隶的后代发起了斯巴达克起义……

到达艾克斯时是正午，汽车绕着旧城区宽大的米拉波大道尽头的喷泉转了两圈才找到栖身地，塞尚、左拉和海明威曾频繁光顾的“两个男孩”咖啡馆百年不变的墨绿遮阳篷下也坐满了游客。艾克斯是普罗旺斯低调的文化中心，也是画家塞尚和法国大革命里出身贵族的“平民领袖”米拉波的故乡。在 1940 年搬往纽约与他相会之前，圣埃克絮佩里的妻子龚苏萝就在普罗旺斯的阿维尼翁（Avignon）和艾克斯之间的一个小镇奥佩德居住。

在南法的徘徊让人更清晰地意识到文明的断裂特征。罗马衰落之后，无序降临整个地中海沿岸，那个“少女怀揣黄金可以游历整个帝国”的时代中断了近千年，异族入侵、百年战争、黑死病、宗教战争轮番蹂躏，直到 12 世纪的“好国王勒内”（他手持桂冠和权杖的雕像正立在大道尽头的纪念柱上）为它寻回秩序，爱好奢华的路易十四则带来它的文艺兴盛。17 到 18 世纪，这里成了法国的贵族城市，被二战轰炸机饶过的旧城区里，迄今布满 16 到 19 世纪的巴洛克建筑。未被古老橡树和梧桐遮蔽的木制高窗里，看得见阳光穿过楼梯的雕花扶手留下的迷人剪影，仿佛仍徘徊着大蓬裙下淑女高跟鞋的笃笃之声，但铁门上可能曾经属于议员先生的黄铜门牌，却早已换上了律师事务所的名字。

逛完旧城时间还早，顺便在本城知名的葛哈内（Granet）博物馆排个队。19 世纪末的一位纽约集装箱大王把自己的宝贝珍藏在这里，梵高、毕加索、莫奈、罗丹、米罗……相比之下，半地下室里米拉波的雕像自然被游客们忽略了。大理石做的米拉波挺着大肚子，指向前方，他丑陋的面孔散发出某种强烈的吸引力，夏多布里昂说他的丑陋是以他佛罗伦萨家族的特殊美为基础的："产生阿里恺提的同胞米开朗琪罗的《最后审判》中那种刚毅的面孔。天花在演说家脸上留下的痕迹，更像烧伤后留下的焦痂。大自然塑造这样的头颅，要么是为了帝国，要么是为了绞架；它雕琢的这双臂膀，要么拥抱一个民族，要么劫掠一个女人。"

被贵族踢出行伍的米拉波以演说征服了平民，成为第三等级的代表，却又鄙视他们；他希望废除对君主制的迷信，却又希望以对君主制的崇拜取代。从他身上可以看到法国大革命里所有激烈的情感和变化，"他的精力来自他的堕落；而这种堕落……有深刻的、热烈的、疾风暴雨般的情感作为支撑"。当选国民议会议长后，他幸运地早逝，在他调和君主制和平民意愿的努力注定失败之前——或许他正是被这个即将到来的失败压垮的。夏多布里昂把他列为那个伟大时代三个将会留存的人之一，"米拉波代表贵族，罗伯斯庇尔代表民主，波拿巴代表专制"，"因为不能承认这三个人的名声德行，法兰西付出了沉重的代价。"

代价或许沉重，或许完全出乎意料，罗马在蛮族之间过早播下的民主种子，在 19 世纪的欧洲各国结出各色异果；米拉波这个贵族后代和国王的秘密顾问，又会被马克思赞为"革命的雄狮”……从古罗马到法国大革命，整个世界都或多或少被19世纪开始的一系列误解波及。我的诗人朋友邹波说：“变的不是路而是目标，真正异化的是目标，并没有这样的事，目标恒定却充满弯路，有的只是异化的目的，导致真正无归的歧途。”多么令人不安的结论，但又无法反驳，人类的群落在荒原上游荡，随心所欲地从历史中掠夺自身行为的合理性证据。正因如此，面对他人时无法谦和自省的群落显得尤为愚蠢和野蛮……

四

越过群山返回圣马克西姆时，漫长的白昼熬不住倦意，渐渐向西方淡去。苹果园里长青苔的低矮石墙罩上了阴影，鸟鸣也变得迟疑，风声掩盖了远山中暗藏的修道院里橡树子掉落的声音，越过无数酒庄打出的大招牌（效果就像好莱坞的山顶铭牌那么显眼）。白日驯服的莽荒在傍晚就露出危险的脸色，这缺少水源的干燥地理环境，开始令人焦灼。

L说起他少年时代和几个朋友一路开车从汉堡南下，昼夜不停，黄昏时进入这片山野。他们唯一有驾照的一个朋友来当司机，已经很疲惫，最后这一段两小时的弯曲山路简直快要了他的命。满车的少年把性命都寄托在了一个比他们大不了多少的朋友身上，“我们全都紧张极了，”他说，“不过我们一路给他加油，一起给他买了份大礼感谢他。”那或许就是富裕社会的少年成长担当起群体责任的时刻了吧。

离开南法前，我们的最后一个游览地是附近的古城弗雷瑞斯（Fréjus），也是恺撒兴建的从罗马通往西班牙的 Adrian Way 的枢纽，兴盛时期约有上万人口。看城市规划图先进整齐，犹如长安，城墙外有个圆形露天大剧场，可惜废墟如今被丑陋的金属板子覆盖着。和许多南部法国小城一样，弗雷瑞斯也被千年的各路战争、海盗和强盗反复劫掠，但古罗马城门、高墙和高架引水桥的废墟仍在，另有一座 13 到 15 世纪罗马教会鼎盛时期建的 St. Maximinus 大教堂。本地博物馆里有一个别致的双面赫尔墨斯雕像，以及一个罗马贵族室内墙面装饰，让人疑心爱马仕丝巾从罗马墙面设计得到了不少灵感。

回来的路上，我们选择了拥堵的海边马路，慢慢驶过那些白色耀眼的沙滩。地中海的夏季是最为奢侈的夏季，气温永远合适，略微的炎热总是瞬间被微凉的柔风吹走。海水透明纯净，阳光不太刺眼，和其他挤满白发苍苍的老者的欧洲度假胜地不同，南法到处是漂亮的年轻人。大自然没有任何挑战身体的诡计，一切都在取悦于人。这不正常，对来自气候总有多种挑战的中国的我来说，总觉得哪里不对，仿佛瞬间会被夺走。这或许也是我无法坦然彻底地享受和拥抱它的原因，我不信任这没有忧虑的快乐，这温和无罪的富足，这没有挑战的享乐，它让我如坐针毡。当 L 躺在阳台和沙滩上心满意足时，我却四处拉着他去寻找历史幽暗的证据，因为那是我更熟悉的逻辑。

那时我终于明白了南法对 L 的真正意味：这是他少年时最先体会到长大成人的自由乐趣的地方，我们所有人都一样，想要重新体验这种快乐——所有新奇的生活许诺刚刚展开，我们还不能想象自己将要造就的错误和浪费。人到中年，一切都变得无情地清晰，就像在被自己摔碎的镜子里看到少年的憧憬，而在镜子的背面，满足的愿望也随即被遗忘。我们本可以不同吗？还是在荒原本无方向可言的漫游中徒然地奔跑，自以为在前行？谁能回答这些问题……在南法，我理解了另一个人的遥远青春，和我们之间无法跨越，却丰富了我们共同生活的鸿沟。

电车轰鸣着驶向老城，载着面无表情的人们。夜幕一旦降临，弗罗茨瓦夫似乎就更有了一种忧郁感——那是中欧的味道。

弗罗茨瓦夫：一场风暴的结语

撰文 刘子超

一

波兰，总让我感到一种悲情。它的名字似乎有一种天然的雌性气息：忧郁、纤弱甚至带点受虐意味。给我这样印象的国家，除了波兰，还有乌克兰。它们都不幸夹在德国和俄罗斯这两个雄性掠食国家之间，注定了坎坷的命运：国境线总在变迁，人民总在迁徙，总是成为战争和杀戮的牺牲品。对它们来说，无论亲近德国还是俄罗斯，都不是什么好的选择。所以 1944 年，英国旅行作家 Odette Keun 写道："对于波兰，最好的出路就是加入大英帝国。"

但他显然高估了帝国的运势——从印度到加勒比，从马来半岛到埃及，帝国的衰退是如此迅速，以至不过三十年之后，作家简·莫里斯就只能在《大不列颠治下的和平》三部曲中追忆帝国的荣光了。

"这他妈的是怎么回事？"记得在印巴边境城市阿姆利则，一位怀有帝国情结的英国佬红着眼问我。他的目标是走遍英国所有的旧殖民地。

"对不起，他喝多了，"他的马来籍妻子说，然后又要了一瓶冰镇翠鸟啤酒，"他就是三瓶的量，喝到第二瓶时就爱胡言乱语。"

我开着菲亚特 Panda 从苏台德山区冲出来，进入沃野千里的西里西亚（Silesia）平原。我发现，理解西里西亚成为各方角逐的对象，就像理解英国醉汉的愤怒一样轻松。窗外的土地委实过于平坦，过于肥沃了，而且就在德国嘴边。它一望无际地伸向远方，与波兰大平原连为一体，直至波罗的海沿岸。在那里，它又将与俄国的“飞地”加里宁格勒相遇。这真是命中注定的悲剧。像所有悲剧一样，难以置信，但又千真万确。

同样难以置信又千真万确的是，这条通往弗罗茨瓦夫的乡野公路居然堵车了。很多车调头转向，但这似乎并未使现状有所改观。我跟在车龙后面，除了田野和树木，周围几乎看不到什么像样的房子。前面的司机打开车窗，抽起了烟，后面的司机戴着墨镜，打起了电话。我反复拨弄着收音机电台，几乎所有台都在喋喋不休地播放波兰语脱口秀，而这无助于缓解焦虑。我把收音机关掉，无所事事地想起科塔萨尔一篇描写堵车的小说。但那是通往巴黎的高速公路，可不是什么波兰边境线附近的小路！

我总算看到路边有家孤独的小超市，马上像个逃兵一样溜出队伍。超市里的货物都带着一副陈旧的历史感，只有熟食柜台摆满香肠。旁边有张铁桌子，兼做餐桌和酒桌之用。此时只有一个留着浓密八字胡的老头坐在那里喝啤酒。他的眼睛湿漉漉的，已经喝到对周围熟视无睹的程度。我闻到熟食柜台里的肉香，才想起自己一上午都没吃什么东西。我身上没有波兰兹罗提，只好羞愧地拿出欧元，一边比划一边向店主指着柜台里那条最诱人的香肠。他卖给了我，还找了我几枚兹罗提，这样刚好又够买一小杯啤酒。

我在老头对面坐下，他并未看我一眼，这让我对他的兴趣激增。我切了一截香肠，把盘子推到他面前。他不动声色地把啤酒喝完，起身离去。他像个修士一样，轻手轻脚地推开门，走进室外的一片白光中。门关上了，仿佛野兽把光线重新吞噬。

因为开车，我把啤酒当作烈酒，只是偶尔呷上一口。等我把香肠吃完，我就走出这家小超市。大地一片宽广，一队大雁飞过天空，车龙神奇地不见了，仿佛堵车从来就没有发生过，或者是在另一个平行世界发生的事情。

“这他妈的是怎么回事？”我心里嘟囔着那个英国佬的话。毫无疑问，这是比大英帝国的衰落更难解释的事情。

我再次上路，经过一座小城，城外有几家大型超市，之后是住宅区，然后是城中心的教堂和残存的18世纪建筑——一座欧洲内陆小城的标配。生活在这里是便利和安静的，又是沉闷和无聊的。每个路人都面无表情地走着，尽管阳光耀眼，却有种阴沉的一致性。他们的灵魂大概也都皱着眉头。难怪欧洲人会喜欢东南亚，那里火热的生活，热带的生命力，疯长的藤蔓，一定让他们大为惊叹。

自己没有的就是好的——人类的天性。对他们来说，东南亚是这个同一性的世界上唯一不同的地方，甚至连神佛都是欢喜、微笑的，不是愁眉苦脸的受难相。

人总得不时换换口味吧，这有助于身心愉悦，我想。所以旅行就像走到另一个街面，尝尝新馆子：今天西班牙菜，明天印度菜，后天意大利菜……不过吃来吃去，你总有一天会发现，披萨就是馅饼，意大利面就是米线，奶酪就是豆腐，牛排就是烤肉，沙拉就是东北大拌菜，海鲜饭就是潮汕砂锅粥……旅行的意义，就此变得虚无。我见过不少游荡半生、间隔年数次的旅行者，最终变为熟视无睹的“废人”。

我知道，我必须延宕自己成为“废人”的过程，就像足球运动员维护自己的职业生命。延宕的诀窍之一，就是在旅途中尽量把自己置于不熟悉、无情调的境地。强烈的冲击容易让人懈怠，平淡无奇反而能让厌倦来得迟缓一点。

比如，我订的酒店在弗罗茨瓦夫市中心四公里以外。对于一座中欧城市，这已经算是城郊了。我把车停在酒店空旷的停车场，成群的乌鸦正黑压压地飞过，呱呱叫个不停。

房间在十六层，可以看见一定程度上的风景——不是美丽的奥得河，不是老城鳞次栉比的屋顶，而是一座半荒废的体育场，一片社会主义气息的住宅区，驻满鸟巢的行道树，以及停着我那辆菲亚特 Panda 的停车场。让我再次感到欣慰的是，房间同样以毫无特色的极简主义风格取胜——白墙、白床单、原木写字台，而不是什么精品酒店时下流行的洛可可风。

我离开房间，在大堂里碰到一群参加宴会的波兰人。餐厅经理正忙得团团转，所有人都忙得团团转，连门童都被动员起来摆桌子。前台女孩告诉我，今晚会有一百人在这里用餐。我祝他们好运，推门走出去，知道今晚有了不必急着回来的理由。

外面空气冷冽，但并非不可忍受。我没有开车，而是沿着马路步行。街道很干净，波兰女人的水准明显高于匈牙利。电车轰鸣着驶向老城，载着面无表情的人们。夜幕一旦降临，弗罗茨瓦夫似乎就更有了一种忧郁感——那是中欧的味道。

二

我跳上一辆电车，看到一些人提着购物袋，才意识到新年快到了。如无意外，我会在弗罗茨瓦夫度过这个没什么特别之处的特别日子。我望着窗外渐渐暗下去的街景，试图回想自己上一个新年是在哪里过的，但脑海中一片空白。不知从什么时候起，节日于我变成了无足重轻的苦行。我唯一的期望，变成了尽量不动声色地把这些日子度过去。我不会去参加什么集会，也不会刻意买那些根本用不上的礼物，我也尽量避免在那个日子去餐厅。找机会放纵自己一把？算了吧，我宁愿把放纵留在平时。我想象着此刻的北京，熟悉的街道一定已被节日的灯火点燃——可以想象的人群，可以想象的场景。然而，在弗罗茨瓦夫，车窗外的世界是如此沉寂。那都是一些没多少历史的建筑，连教堂也是新建的。我知道，1945 年弗罗茨瓦夫回归波兰时，只剩下一个空壳。“二战”的炮火把这座城市 70% 的建筑夷为了平地。

雕刻天使笑容的人们，现在他们的子孙正在推动加农炮弹。

——兹比格涅夫·赫伯特

在这辆马力十足的电车上，我突然想到 1945 年的新年。那时的弗罗茨瓦夫还不是现在的名字，它叫布雷斯劳（Breslau）。从 1740 年被转交给普鲁士时算起，它就叫这个德文名字了。长久以来，它是一座种族混杂的城市，但 95% 以上的人口是德国人。到了 1945 年，经过纳粹的清洗，它成了一座彻头彻尾的德国城市。

1945 年初，布雷斯劳的居民不会有任何喜悦，他们即将成为纳粹“要塞”（Festungen）政策的“炮灰”。这一政策要求布雷斯劳承担骑士时代要塞堡垒的功能：主动被盟军围困，然后尽可能拖住盟军的兵力，为柏林赢得时间。

沿着此刻电车行驶的道路，平民首先被撤离到城市南郊。因为德国人相信，为了合围柏林，苏军会从城市北部发起攻击。那一年的天气寒冷，大雪纷飞，仅仅是步行撤离，就让一万八千人丧命，其中大部分是儿童。

撤离的人群中有爱尔莎·布劳恩——希特勒情妇爱娃·布劳恩的姐姐。她坐火车回到柏林，被爱娃接进豪华酒店（如今的凯宾斯基）。她诉说她在布雷斯劳的见闻，抱怨希特勒正把帝国拖进深渊。爱娃愤怒地指责姐姐不知感恩，应该被拉出去枪毙。

苏军的大规模进攻从城市的南部发起，这出乎德国人的预料，也让那些刚刚搬迁过来的平民成为炮火的牺牲品。我正穿过的这片街区就是巷战的主战场，这就是为什么放眼望去，所有的建筑都是新的。

负责围困布雷斯劳的是苏联元帅伊凡·科涅夫。他急于拿下这座城市，希望抢在朱可夫元帅之前攻占柏林。这将是载入史册的战役，也会让他和朱可夫一生的较量中占据上风。

这就不难理解，为何就残酷性而言，布雷斯劳之围可以和斯大林格勒保卫战相提并论。轰炸是前菜和甜点，炮击和巷战是主菜。城市交通很快被切断，所有弹药和物资都靠驻守波西米亚和巴伐利亚的德国空军空投。恺撒大街被整体推平，劳工和战俘用生命铺建出一条飞机起降跑道。

最初，容克-88型轰炸机像天使一样美丽，但人们很快发现，那是被盟军缴获的战机，投下的不是补给，而是炸弹。苏军同样伤亡惨重，当他们最终占领城市南郊，士兵们展示了战争激发出的人类的全部兽性。正在军中服役的索尔仁尼琴回忆：“士兵们都很清楚地知道，所有德国女孩都可以被任意强奸，然后杀掉。”

1945 年 5 月 7 日，在将近三个月的围城之后，布雷斯劳终于投降。它是纳粹德国最后一个陷落的城市——在柏林投降后，又撑了五天。

幸存的布雷斯劳居民从地窖中爬出来，发现眼前是一个完全陌生的世界：到处是弹孔和废墟，几乎没有什么像样的建筑。他们失去了自己的房子、财产和亲人，也将丢失这座城市的名字——名字和命运往往联系在一起。

如果失去废墟，我们就一无所有。

——兹比格涅夫·赫伯特

我下了车，穿过车流，进入老城。这是一块鹅卵石形状的区域，在奥得河南岸，也是弗罗茨瓦夫的历史中心。市场广场非常宏大，是波兰第二大广场，仅次于克拉科夫。它的气魄和风格也很容易让人联想到前者。我看不出什么战争遗留的痕迹，如果有什么蛛丝马迹，那它们也被暮色和粗俗的镭射灯遮蔽了。无论市政厅、圣伊丽莎白教堂，还是别的什么古迹，都有一种涅槃重生的光辉，仿佛一个二流的童话场景。

现在，市场广场上正搭建巨大的舞台，灯光和吊臂摄影车已经就位，大概明天晚上会有一场盛大的跨年晚会。

他们开始测试音响。重低音炮突然响起，让脚下的石头发出震颤。所有人都受惊似的抬起头，寻找声源。

——难道苏联人又来了吗？

人们的脸上带着催眠过的神情，然后随着强劲的音乐节奏变为漠然。只有一队德国老年旅行团饶有兴致地驻足，彼此兴奋地说着这里曾经的母语。

气温比白天明显下降了，我能感觉到风透过羊皮手套，顺着指尖往上钻。跨年的时候，气温肯定会降到零度以下吧？晚会的歌手和舞蹈演员将何以自处？还是对波兰人来说，冰点根本不算什么？

我换了些钱，一身轻松地走出来，想到自己早上还在捷克的奥洛穆茨，而此刻已经怀揣巨款站在波兰的广场上，不由感到一阵尘埃落定的惬意。我很快为此付出了代价。

广场一侧是一串以低价酒水为噱头进行恶性竞争的酒吧。我几乎没过脑子地走了进去，点了一杯啤酒，一份波兰饺子，然后才仔细端详菜单。

毫无疑问，这是一家仅仅从菜单就能看出不怎样的餐厅。无论哪个国家，游客集中的区域都有这样一些餐厅，它们唯一的资本是占据了核心位置，靠哄骗傻傻的外地（外国）游客维持生意。在这里，你能有幸享受到这个国家最不地道的食物、最差的服务，以及最名不副实的价格。每次路过这样的餐厅，透过窗户看到那些可怜的用餐者，我都会忍不住怒吼："这样的餐厅之所以还活着，就是因为你们这群游客！"然而现在，我竟然也成为了其中的一员，非常游客地坐在游客中间，吃着莫名其妙的波兰饺子。

在旅游已经相当普遍的今天，"游客"（tourist）似乎已经变成一个格调不高的概念，暗含着浅薄、低俗之意。"逼格"更高的说法是"旅行者"（traveler）。

因为"travel"一词来自古老的拉丁语，与宗教朝圣中的苦行和精神升华有关。在古代，旅行的最初形态和唯一目的就是朝圣……

我愤愤不平地胡思乱想，然后突然意识到，我竟然把饺子吃完了，甚至还包括篮子里的面包，以及那盘不太新鲜的生菜沙拉。这让我想起一则笑话：

> 这里的东西太难吃了，而且份量太少。
>
> ——伍迪·艾伦

我旁边是几个刚刚相识的年轻人，有男有女。每个人手里都拿着一杯螺丝起子。显然，这里廉价的酒水让他们手舞足蹈，眼睛放光。

“这里的酒太便宜了。”

“对了，你们知道哪儿能搞到叶子吗？”

“我认识个人。”

“他能搞到臭鼬吗？”

……

原来，他们都是英国人，居住的城市相距不远，又在弗罗茨瓦夫的酒吧相遇。他们来这里的唯一原因，是酒便宜，而且能搞到叶子——与历史无关，与文化无关，与旅行无关。

他们脸上长着青春痘和雀斑，张扬着年轻的神色，放纵着青春的活力。这将是他们飞翔的一夜，酒精不过是调情物，叶子不过是助燃剂，性爱不过是水到渠成，高潮将像银河一样泛滥。

他们旁若无人，又喋喋不休，我突然感觉到自己的格格不入：一种硬物感，像怀里揣着一块铁。一方面，我坐在一群外国人（英国人）中间，是一个种族意义上的局外人；另一方面，他们所谈论的话题，是我无法参与和加入的，这又是另一个层面的格格不入。

我要了一杯螺丝起子，然后又要了一杯。酒精就像筹码，在快乐的一端不断加注，直到彻底压过失落的一端。这时如果你继续喝下去，快乐看似会继续增长，但失落最终会在第二天早上反败为胜。

我走出酒吧，穿过广场，经过布景舞台。很奇怪，酒精没让我暖和起来。或许那里面根本就没有多少酒精，不过是两杯加了冰块的橙汁。我在电车站等车，天上是一弯下弦月，一颗人造卫星快速地飞过。

电车来了，载着我穿行在夜色中的城市——安静极了。那些飞驰而过的街道，那些闪烁的灯光，又像在召唤过去，召唤幽灵。我突然意识到，世界上至少有两个弗罗茨瓦夫——在平行的世界里，它们并行不悖。

三

第二天早上，太阳照常工作，但多少有点怠工。天空阴沉沉的，像给城市加了个黑白滤镜。这倒是和我心目中的（旧照片中的）弗罗茨瓦夫更接近。停车场上，我的菲亚特 Panda 鹤立鸡群，因为根本没有别的鸡。它孤零零地停在那里，结满冰霜，好像荒原上一只被冻僵的驼鹿。我把它唤醒，而车厢里积蓄一夜的寒气也彻底唤醒了我。

这是一年的最后一天，路上几乎畅行无阻。那些战后才建起来的房子气色看上去不错，因为又过了一年，它们都高兴于自己成为越来越有历史感的事物了。店铺大都没有开门，到处偃旗息鼓。节日在国内是黄金周，是商机，是报复性消费，在欧洲却是一年中最肃静的时刻。

我把车停在古城的巷子里，在人还不多的广场上溜达。白天，市政厅看上去气势更加宏大，里面有市民艺术博物馆，陈列着黄金工艺品和弗罗茨瓦夫的民间传说。广场上栖息着鸽子，有一面建筑被刷成了四五种颜色，像积木一样矗立着。广场西侧的兵工厂是一座15世纪的建筑，如今改建为军事博物馆，但也因为假日不开门。开门的只有那一串照顾游客的酒吧，现在又顺应时势地变为经营欧陆早餐的咖啡厅。

我发现，每个酒吧门口都三五成群地站着一些“异人”，可能是朋克或者嬉皮，要么就是两者以任意比例的混合。他们都有莫西干头，脏兮兮的辫子，黑皮靴，铁链子，鼻环或唇环。但他们有本事将这种傻气转换为一种良好的自我感觉，一种无畏，一种近乎精神病的优越感。世界的每个角落似乎都少不了这群人的身影，以至于我常常思考：什么样的雇主会雇用这些人？他们究竟以何为生？

我很高兴地注意到，在街角的另一撮人里，有昨晚那几个英国孩子。有了“异人”的映衬，他们正常得就像伦敦城市大学二年级的学生。显而易见，他们狂欢了一夜没回酒店。现在，两个男孩在抽烟，一个女孩半裸着瘫在墙边，还有一个女孩——那个自称能搞到叶子的女孩——不知去向。

我盘算着她去哪儿了，这像是一道哥德巴赫猜想：

a. 她搞叶子把人搞丢了；

b. 她没搞到叶子不好意思回来了；

c. 她搞到了叶子但决定据为己有；

d. 她被能搞到叶子的人搞走了；

……

我听到一声喧哗，有什么事正在发生。一个朋克用酒瓶爆了一个嬉皮的头。我看到嬉皮倒在地上，旁边是一地碎玻璃。这事突如其来，没人知道为什么，答案也不在风中。所有人都望着案发现场，包括那个打人的朋克。他的目光比谁都无辜，仿佛不明白那个酒瓶子怎么会从手里飞出去。

我想也许会有一场帮派混战、械斗或者火并。然而，打人的朋克突然一声不响地走了，其他人也相继离去。没人愤怒，没人动手，没人过去看看那个倒地的小伙伴。就像一幕先锋话剧倏然收场，每个演员都酷酷地拒绝阐释，而把解读的权利交给观众。

我从嬉皮身边走过，他侧伏在地上，头顶是一小滩血，身体还在随呼吸起伏。他好像睡着了，又像在练习刚从印度学回来的瑜伽术。我看到广场较远的地方有两个巡警走过来，我向他们招了招手。

“这个人受伤了。”我对他们说。

“你看到是怎么回事？”

“有人用酒瓶子砸了他。”

“好啊，谢谢！”巡警对我说，好像这一酒瓶子是我砸的，而且干得不错。

他冲着对讲机说着什么，里面一阵芜杂，然后他站在那里，望着虚空。

“这种事时有发生。”另一个巡警微笑着对我说，我也回应以微笑。

四

在圣伊丽莎白教堂附近一堵不太起眼的墙边，我发现了一座小矮人雕像。后来，我又在闲逛中发现了更多小矮人雕像。据说在弗罗茨瓦夫这样的雕像有七十多个，散布在城市的各个角落。

它们的个头只有一本书那么高，有时候在地面上，有时候在窗台上，像是遗落人间的小精灵。这些小精灵定格在某种身体姿态，某种面部表情，但我知道它们可能随时苏醒，拍拍翅膀，飞回天空。

这些小矮人是为了纪念波兰共产党执政时期的一个反政

府组织“橙色道路”——它被认为是最温和、最具原创性的反政府组织，反抗手段是用艺术的方式让政府看上去滑稽可笑。

比如，他们向市民散发当时炙手可热却极度短缺的日用品——卫生纸；号召民众穿着俄国水兵服在警察局门前散步；发动市民打扮成小矮人，集体出现在广场上。这就是为什么在“铁幕”最终落下后，弗罗茨瓦夫把这些小矮人请回了城市。监视无处不在时，反讽也就无处不在。监视与控制越多，也就给了反讽越多的空间。直到有一天，反讽像这些小矮人一样，入侵整座城市，渗透进每个公民的思想。

那天，我乐此不疲地进行寻找小矮人的游戏，最终一共找到了二十八个。我不知道别人的纪录是多少，但我猜二十八这个数字并不出众，而且一定有人把四处逡巡的我当成了图谋不轨的小偷，或者丢了钥匙的倒霉蛋。

我在奥得河南岸的步行道上走着，旁边是弗罗茨瓦夫大学美丽的校舍，有着嫩黄色的墙壁和灰色的屋顶。此前，我刚在一家韩国餐厅吃了午饭，那条街上还有一家意大利餐馆和一家印度餐馆。想到这居然是我在波兰仅有的午餐选项，我就笑了。

我选择了韩国餐馆，表面上是因为LG在附近有家工厂，其实是觉得可能会在这里碰到一张东方面孔——一个独自旅行的东亚姑娘。结果什么都没有，我是这家餐厅唯一的顾客。

服务员是个手脚灵便的金发波兰小伙子。他说这里是弗罗茨瓦夫最正宗的韩国餐馆。我问他是否还有其他韩国餐馆，他说还有两家日本餐厅和一家中餐厅，“它们都卖石锅拌饭”！

我走过一座横跨奥得河的铁桥，对岸是沙岛和大教堂岛。岛上教堂众多，都有着雄伟的哥特式尖顶。河水并不宽阔，在冬日呈现深青色。一位运动员划着皮划艇，分开一道人字形的涟漪，河水摇晃着岸边的老城。有一瞬间，我突然感觉自己正走在塞纳河畔，而哥特式教堂让我想起波兰诗人兹比格涅夫·赫伯特。作为哥特艺术的热爱者，他在“铁幕”低垂的年代，费尽周折到法国旅行，遍览了那里几乎所有的哥特式教堂。

与同为波兰诗人的米沃什不同，赫伯特除了旅行，一直生活在波兰。他曾在一家生产纸袋的合作社里当会计，还做过银行职员和安全服设计师。没人知道这位诗人精通法文、意大利文，拥有经济学、法学和哲学学位。年轻时，赫伯特曾为了一个女人和别人决斗，一个素不相识的女人。别人当着赫伯特的面侮辱了她，他觉得除了决斗别无他法。对方的长剑两次击中了他，而他差点将对方的耳朵割下来。

赫伯特的写作持续了大半个世纪，却无法在波兰出版。人们在图书馆里也找不到他的著作。苏联解体后，赫伯特的生活状况依然没有改观。他跟很多朋友断绝了来往，与曾经的好友米沃什也渐行渐远。他的一生都生活在希特勒和斯大林的阴影下——他无法苟同他们中任何一个。在他看来，政治和文学在语言和精神上迥然不同："对我有益的对他们有害，适合他们的我却觉得难以消受。我们是两种泾渭分明的风格。"

赫伯特经常怀念他在法国、意大利和希腊游历的日子。尽管在旅行中，他也像是一个来自东欧的工薪阶层，寒酸又骄傲。他乘火车到达巴黎时已是深夜，因为整趟旅行只有一百美元的预算，他没住进旅馆，而是在塞纳河畔彻夜游荡。

他记叙参观拉斯科岩画的旅行，却提笔先写一段松露传奇，描述松露美妙的味道——原来那天早餐他咬牙点了一份松露煎蛋卷。

他在阿尔勒旅行时听说有一位亲眼见过梵高、喜欢美国香烟的老人，便在老人常去的咖啡馆守候。老人对这类问题毫无兴趣，赫伯特只好拿出一包美国香烟"贿赂"他。老人告诉赫伯特："梵高总是扛着一块大帆布去田里画画，他像狗一样活着，孩子们都朝他扔石头，他的头发像胡萝卜一样下垂。"

但是在精妙的艺术面前，赫伯特的喜悦常常让他显得骄傲十足。这种骄傲甚至超越了他的出身、国籍和现实处境。考察拉斯科岩洞后，他激动地感到自己是大地的公民，"不但是罗马和希腊的继承人，而且是几乎整个无限的继承人”。遍访哥特教堂后，他回到巴黎的图书馆，当他发现并没有哪个学者写过相关领域的综述文章后，他就自己动手写出《一块来自大教堂的石头》。

五

在参观完沙上圣母教堂后，我向西北方向走，不知怎地走进了一片住宅区。我经过了照相馆、咖啡厅、面包店。我经过画满涂鸦的楼房。我看到几个孩子正围着一辆老款大不列颠绿的甲壳虫放鞭炮。我拐到另一条路，发现街角有一家小小的书店。透过窗玻璃，我赫然看到赫伯特的一本波兰文著作摆在桌子上。我走进店门，留着齐耳短发的中年女店主正在清扫地面，大概就要关门了。我拿起那本文集，封面照片上的赫伯特正凝视远方，风拂动着他灰白色的头发，眼角布满鱼尾纹，后面是一条河和空无一物的旷野。我的心瞬间被这诗人的形象击中了。我拿起书，去收银台结账。

这本书七百多页，收录了赫伯特绝大部分的随笔，包括他的游记和对古希腊神话的解读。我抱着它走出店门，内心充满喜悦。赫伯特一生都在写作，他觉得政治压制和经济贫困都不算什么，“会弄走那些非一流的作家”，但真正的作家不会停止写作。他去世前患有严重的哮喘，但依然完成了诗集《一场风暴的结语》——这也是他一生的结语。

我经过附近一栋看上去颇有气势的楼房，楼前荒草凄凄，围着铁丝网，信箱上的铭牌也已脱落。很多年前，这可能是一栋公寓，如今人去楼空，形同鬼宅。

在波兰，时间总像一个未愈合的伤口，展示着善良所引发的卑微希望。希腊神话中，潘多拉打开盒子，飞出忧愁、疾病、灾难、悲伤……只剩下希望留在盒底。后来，赫尔墨斯将希望送给人类，这样无论遭遇多大的苦难，只要有希望，人类就不会被摧垮。我想，这也正是弗罗茨瓦夫、西里西亚，乃至整个波兰的动人之处。

是的，如果城市和人一样拥有性格，那么弗罗茨瓦夫是那种可以坐下来喝一杯的朋友。晚上，我去了一家古色古香的波兰餐馆，白餐布上摇曳的烛台，映照着墙上的油画和老照片。我看到莱辛 1841 年的画作《西里西亚风景》；德皇威廉二世 1906 年访问时的照片；1945 年废墟中的弗罗茨瓦夫大学；1982 年戒严期间波兰坦克进城；1997 年教皇保罗二世造访……我一边观看，一边喝着波兰雪树伏特加，像穿过一道时间的走廊。

广场上，跨年晚会已经开始，动感的音乐响彻夜空。人们裹着大衣，戴着帽子聚集在外面，脸上带着难得的笑容。

摄像机的吊臂划过人们的头顶，捕捉着台上歌手不太灵便的舞姿和吐出的白雾。旁边一个姑娘说，他是当地很著名的歌手。在接近零度的气温里，他穿着皮夹克，喘着粗气喊："Everybody！让我们一起跳舞！"

舞台两侧，一群青少年疯狂地扭动着身体，我旁边的姑娘小伙儿们也开始蹦跶起来。

夜空清朗，广场一片通明，如一个巨型露天迪厅。我跟着节奏跳起来，想在开车回家之前，尽快把身体里的伏特加挥霍掉。

等待变成了一种社交现象，藏着很多小心思：等谁，等着做什么，等多久，或不等谁，多不耐烦，付出多大的代价去等。通过观察耐心和不耐烦等待的人群，流动性与停滞的区域，你可以大概看出这座城市的层次等级分布。

在伊斯坦布尔等待

撰文 梅根·戴

翻译 董帅

下班后，回家的巴士载着我沿着博斯普鲁斯海峡缓慢爬行，我不禁怀疑是否走路会更快，尽管我从没试过。在伊斯坦布尔，再短的距离都会堵车。在1980代，这座城市人口约三百万，之后的几十年里，人口数翻了五番。一场史无前例的移民潮正在涌入这座城市：来自安纳托利亚的移民，来自周边地区如巴尔干、高加索、中亚和中东的经济移民，还有一阵一阵来自附近纷争地带的难民，其中大多来自叙利亚。然而，这座城市的基础设施并没有跟上移民涌入的空前速度。不断攀升的人口密度造成的最明显的后果，就是堵车。

大兴土木也没起到作用。在土耳其总理（伊斯坦布尔前市长）埃尔多安的指导下，政府通过了一系列雄心勃勃的建筑项目——2013 年建成了一条水下铁路隧道，横跨博斯普鲁斯海峡的第三座大桥正在建造中，同时还有第三座机场。这些项目都被宣扬为缓解交通拥堵的良方，但事实上，它们只带来了更大程度上的城市扩张，为伊斯坦布尔吸引来更多的人口、货物、建筑，还有机动车。与此同时，土耳其经济趋势良好，汽车保有量随着中产阶级的崛起而不断攀升。因此，伊斯坦布尔整座城市湮没于遥遥无期的交通拥堵之中。

等待变成了一种社交现象，藏着很多小心思：等谁，等着做什么，等多久，或不等谁，多不耐烦，付出多大的代价去等。通过观察耐心和不耐烦等待的人群，流动性与停滞的区域，你可以大概看出这座城市的层次等级分布。越是富裕的片区，就有越多的出租车；越多出租车，就越堵；越堵，付不起打车费的人就会选择去坐公交车。一张不可预见的网把这座城市的所有人连在一起：一辆车抄个小道，就会导致另一辆车进退两难。不公平，是人们在堵车过程中至关重要的体验。

去年冬天，埃尔多安政府卷入了一桩大范围的城市建设腐败丑闻。2013 年 12 月，警方拘留了九十多名政府工作人员和承包商，他们大部分都是城市规划官员，其中二十六名被以有关腐败、欺诈、贿赂、洗钱的罪名逮捕。一部分房屋署的官员被指收受承包商的贿赂，令他们在无需申请分区许可证的情况下进行施工。这些暗箱操作使得大笔钱财直接流向官员的腰包，而不是进入城市财政库，更非给予真正需要钱的弱势群体。这件事又一次证明，一个人抄个小道，就会对其他人造成很大的麻烦。

从 2013 年 5 月一直持续到初夏的戈兹抗议活动，其矛盾中心就是戈兹公园和塔克西姆广场周围的建设。这些市中心的公共地带曾被提名建成大型商场，理论上说，这种可能性依然存在。对公共空间的威胁使得成千上万的伊斯坦布尔市民走上街头，成功逼迫政府将这项发展计划暂时搁置，至少是暂时。

真正的民主是缓慢的，它包括收集意见，争取共识，积极寻求尽可能公平的解决方案。它要求占社会主导地位的群体慢下来，即使他们看到了可以冲锋的机会，也要等一等。

这长达数月的抗议活动产生的最大象征意义便是，公义并不会追随金钱的膨胀速度。

从一开始，警察对示威游行的镇压便毫不留情。在6月中旬，埃尔多安已经给示威者下了最后通牒："我们的耐心是有限的，不会再等下去了。"在此之后，警察群体中仅有的一点同情反应也没有了。埃尔多安承诺："我们会清理整个戈兹公园，要快。"

八千人在镇压运动中受伤，其中十一人失明。到夏天结束时，已有五人死亡。我的前室友是一名记者，由于多次受曝于催泪瓦斯，生了一种皮肤病，为此他必须每日服用一种手指尖大小的药丸多次，每服用一次他都要禁食一小时，这导致他每日的进餐时间变得很诡异。医生告诉他，自从抗议活动以来，很多人生了很严重的皮疹，尤其是那些在化学烟雾中徘徊过久的记者。

现在，塔克西姆广场已经清理完毕，干净得简直可以咬上一口。去年夏天的涂鸦都被灰色涂料覆盖，每一颗翻起的鹅卵石都被重新铺回平整。附近一部分区域被铺上了水泥，水泥不像鹅卵石，不能被轻易撬起来作为攻击警察的武器。而去年夏天的抗议活动留下的唯一证据，便是到处可见的警察。

要说在现在的伊斯坦布尔市区谁等待的时间最长，答案一定是警察。广场上的阿塔图克文化中心曾是一间优雅的歌剧院和演奏厅，现已被改造成一个执法总部，穿着制服的警察整日整夜地在那里徘徊，等待着每一丝骚乱的信号，随时准备搬出催泪瓦斯和水炮。这种情况每个月也许会发生个一两次，但大多数时候他们就只是站在那里等着。警察在塔克西姆广场和戈兹公园附近几处地方都停了几辆墨色窗户的白色大巴，数十名警官就在那里待命。他们平日里喝茶，在智能手机上打牌，顺便盯着广场。有时候他们玩单腿蹦，互相踢对方的小腿，抓对方的头发。在一个文化中心的停车场，我曾见到一名警察举枪瞄准一只流浪狗，也许是因为太无聊。

有时警察喜欢聚在加拉塔萨雷高中附近的狭窄巷子里，远离城市主干道。有时候我买好东西想避开拥挤的商业中心，便会选择走这条小道，转过街角就发现自己被警察包围了。为了穿过这条巷子，我不得不与他们擦身而过。我甚至能闻到他们须后水的味道，能碰到他们制服上绣的星星和新月。有时与他们目光相接，我脸上会呈现出下意识的毕恭毕敬表情，但马上又会后悔。有时我会带着不安瞄几眼他们的武器。但大多数时候，我只是强迫自己把注意力放在他们的靴子上，迅速闪人，越快越好。

今年2月，人们再度走上街头，人数比戈兹事件时少了一些。这是一个温暖的星期六夜晚，埃尔多安的互联网审查计划离具体实施又近了一步。这项计划主要是为了隔绝民众了解并参与腐败丑闻的消息传播。于是又一轮抗议开始了，而警方的反应迅速而粗暴。我和女朋友去塔克西姆广场，想去看看到底在发生什么，结果我们一起被扫进一个挤满示威者的巷子里。示威者中的很多人都戴着去年夏天置备的防毒面具。当催泪瓦斯袭来时，我们涌进街角的小餐馆，在那里等待浓烟散去，而炉上还嗞嗞地烤着肉，我们似乎在那儿卡了无限长的时间。门外的人群四处奔跑，一片混乱，而门里的厨子看完了一场球赛。

当我们鼓起勇气离开那家小餐馆，立刻就陷入了催泪瓦斯的迷雾。一个陌生人把我们带进一栋老建筑的狭窄楼梯间，我们站在那儿咳嗽了十五分钟，等待下一个行动间隙。一个经验丰富的示威者在一条印有球队标志的围巾上泼了醋，让我用它捂着脸，直到我的肺和眼睛不再有灼烧感。一对年轻的夫妇一直在咳，他们点起一支香烟，来回传着抽。示威就是这样：瓦斯，疏散，再集合，瓦斯——无限循环下去。这个过程里有很多重复，很多期待，很多疯狂的举动，也有无所事事的等待。

示威在晚冬和早春间歇性地发生，关于腐败丑闻和互联网审查的愤怒不断升级。紧接着，一个在戈兹事件中受重伤的男孩死去了，整座城市被愤怒和悲伤横扫。每隔一个周六，我公寓门口的垃圾桶就会消失，被示威者运走当作抵挡警车的路障。午夜时分，抗议运动会暂时停歇，一些年轻人会在住宅区游荡，用弹弓嘲弄警察，警察则还之以橡皮子弹。

我从公寓窗口看着外面的脚手架，喉咙仍因催泪瓦斯而发痒。我经常在骚乱结束之前就上床睡觉，但第二天醒来街道就已被打扫干净，不久墙上又会出现新的涂鸦。民众的参与逐渐减少，冲突更多集中在激进的左派和警方之间。而其他人，那些为戈兹事件建立了庞大和多样的群众基础的那些人，则更多的是在为周末节省精力。

上个夏天的抗议运动产生了一个清晰的目的：那个保护公园的任务为这座城市带来了一种道德上的自律感。一旦这场战斗输了，警方赢得了公园，那么这个目的也就很难再维持下去。现在，每当一场示威貌似要爆发的时候，警察会首先封锁公园和周围所有的街道，一方面可以阻止示威者在那里聚集，另一方面也想淡化那个广场的象征意味。戈兹事件发生一年后，这座城市已相对平静，暴力事件偶尔会有，但这种平静感觉上是暂时的、过渡性的。

伊斯坦布尔的一部分已经形成超具体的街区，代表着这座城市重商主义的传统。扎堆的油漆店，成排的窗帘店，卡拉柯伊的几个街区只卖花洒喷头，而在相对贫穷的多拉普代雷，只有人体模型出售。裸体的假人在橱窗像兵马俑一般成排陈列。到了晚上，它们被身后的安全灯照着，表现出一种期待中的警惕感，仿佛下一秒钟就会活过来。

⋈ 访谈

067　世象繁花
——金宇澄访谈
郭玉洁

我和《繁花》，是看轻时代的，时代很快就会过去，就算它重要，也是因为这几十年，我们活着，所以觉得特别重要。我们看历史书，翻一页就是五百年。人的一生，不是一棵树，是一片树叶，最后都会不知所终。

世象繁花——金宇澄访谈

采访、撰文 郭玉洁

采访结束后，我们在上海作协的食堂吃面。方桌铺着猩红的餐布，穿白色制服的大师傅在柜台后捏着勺子，可以帮你再添一碗。这座文艺复兴风格的小洋楼建于1926年，是建筑师邬达克的作品，原本属于富商，1952年收归国有，后来成为上海作协的办公楼。阴雨和藤蔓植物弥漫着墙面，穿过门口的罗马立柱，中心楼梯盘旋而上，楼梯边是废弃堆叠的办公桌椅，浓重的社会主义“单位”气息。

我说我也以写字为生，金宇澄说，你一定要找出自己最擅长的地方，要多认识人，多发表东西，慢慢地，大家就知道你这个名字了。他逐一就每种文体，指出可能的方向、人际路线。至于小说嘛，他低头搅动着凉面，如在《繁花》中频繁出现的那个词，不响。他说，我做了二十多年的小说编辑，我是知道的。

知道什么？1985 年，三十三岁的金宇澄在《萌芽》发表了第一篇小说《失去的河流》。那是中国当代文学的传奇年份，同龄人王安忆发表了《小鲍庄》，莫言发表了《透明的红萝卜》，文坛上论争不休，“寻根文学”正热。1988 年，金宇澄调到《上海文学》做编辑，他逐渐放弃了小说。1990 年代，中国急速转向消费时代，一切东西都可卖，文学无法进入定价体系，被社会浪潮甩脱。金宇澄钟爱留恋的 1980 年代，像一场狂野的大火，被浇熄了，灰烬埋于地下。直到 2011 年 5 月 10 日，他在弄堂网上写下第一句：“独上阁楼，最好是夜里。”金宇澄把方言、文言和普通话，锻成新的节奏。小说人物絮絮叨叨，或是不响，玩许多小心思，都是不彻底的人物，上海这座城市的世相。二十多年过去，火灰酝酿，成为肥料，不意长出树来，树上繁花似锦，引来许多人观看，惊异相询，哪里来的这么一号人物。

或许二十多年的小说编辑、新近红起来的小说家金宇澄想说的是，小说这条路如此漫长艰难，荣誉到来时，又如此出其不意，必须托付一些给神秘的安排。

金宇澄高而瘦，棉布衬衫，短裤球鞋。很少见到谢顶的男人仍如此斯文清矍，边缘的头发散逸在肩上。声名来得太晚，他仍不能适应，一开始就说自己的口头表达能力“有问题”，纷纷寻来的采访令他苦恼。他并不注视采访者，而是望向空无一人的前方，聆听和回答问题，语句缓慢悠长。办公室里，为了遮挡阳光，窗户上贴了许多印有“上海文学”字样的信笺。

在新的文学地层中，年轻写作者常常急于操持话语，弑去八十年代的前辈。在“文革”中成长的作家们，没有完备的知识结构，也难以接受时新理论，但是他们富于想象、譬喻，世界在他们的眼里是具体可见、充满细节的。更重要的，是他们叙事的激情，总怀揣许多故事，琢磨一个不一样的形状，放在读者面前。这就是小说家。

《单读》：首先我想表达一下对《繁花》的感谢，我自己是北方人，去年年底到上海生活，正好读到这本书，真是着迷。

我一边读这本书，一边观察上海。当时我有一个发现，在中国其他地方，咖啡馆里都是年轻人，或者是所谓的商务人士，但是在上海，咖啡馆里中年男女很多，有些还在里面谈恋爱。和《繁花》对照，我就想，在今天的中国，每个城市年轻人的生活不会差太多，不同的恐怕就是中年人、老年人的故事。上海毕竟城市的历史比较长，生活也比较复杂。

金：你这么一说，是有这样的地方，包括餐馆，老式蛋糕店，一般是老店。这些店中午生意特别好，因为年纪大的人晚上不愿意出来。老上海菜，松鼠鳜鱼那种，也有老概念西餐，七八十岁的老头老太太，看报纸，很安静地小声说话的样子。也有六七十岁的男男女女，不知道身份的，穿戴整齐，背带西装裤，普通蓝布中山装，中午慢慢进来吃饭，看不清具体身份。这个大概就是一座城市的复杂性。

《单读》：按照我们中国的传统，这把年纪应该为下一代带孙子，勤俭持家。但是上海的中老年人，不仅经历丰富，同时个人生活、人情上也比较复杂。比如《繁花》写到的中年男女，关系非常暧昧，这种人际关系恐怕是属于城市的。你还写道，上海女人有三宝，作、嗲、精，跟北方人特别不一样。

金：有个北方朋友看了《繁花》，说原来你们上海就是这个样子，灰蒙蒙的，曲里拐弯的，看不清的男男女女，它有许多灰色地带。城市越是密集，接触的人越是五味杂处，人的生活越是复杂。村子里头，做错一件事情，所有人都记得，你跑到城市里边来，就像一个海洋一样，人就消失了。

有一个上海女读者说《繁花》"很黄"，上海的陈村认为《繁花》一点"解渴的"都没有，肯定被编辑删节了，分歧在这里。我只是觉得，上海跟俗世脱不开关系，很多面貌，很多暧昧，很多的意思，可以说都有，也可以说什么都没有，俗的魅力就是这样的。旧上海这一块内容更完整，到如今也生机勃勃。最丰富的总是灰色系的无穷变化，年代在变，更密集的人，更活跃的声音。也有某女读者有疑问，我们上海女人这样低俗吗？上海的高雅女人呢？其实我们都知道，"上海高雅"就像"上海旗袍"，已经重复无数遍，差不多是上海的代名词了，它们背后那些暗淡的弄堂街道呢，普通面孔呢，普通人的生活，不那么标准的三围，便宜的印花纹样等等呢？那是《繁花》感兴趣的地方。

《单读》：小说里写到很多市井故事，这么多的素材哪里来的？您有记录的习惯吗？

金：有意思的事，是不大会忘的。《繁花》开头引子那一节，一个通奸的人，整条弄堂闹得沸沸扬扬一塌糊涂，是二十几年前我听人讲的，就这么几个关键字。这还需要笔记吗？根本不需要。我就觉得太奇特了，非常生动，就记住了，而且特别符合中国人这种热热闹闹的样子。西方也是，很多小说取材于社会新闻，比如说《洛丽塔》，就是一个案子。

《繁花》里的小琴死了，留下的日记说，她不喜欢陶陶。日记是不是真相，读者自己判断。电视台播过差不多的案子：一上海男人与外地女子同居，女的脾气不好，男的一直忍受，最后一次发火了，把女的掐死，大哭一场，买了内衣等等给她穿戴打扮，准备躺在一起触电自杀，后来电线短路，最后公安把日记本扔在他面前——三年的记录，女的一句不提男的，只有“挣钱，要钱，接客”，她有坐台经历。最后，法院判男的十五年。这故事不记，也不会忘。

我吃晚饭的时候在电视里看到，一个老太太在家里死了半年多了，盖着被子，邻居都闻出味道了，电视台就冲到她家里去拍，公安局什么的都去了，太恐怖了，家里乱七八糟。电视台采访老先生，老先生说，我一点都没觉得有味道啊，我晚上睡不着觉，手一碰，我老太太在我边上，我就睡着了。我觉得很好啊，这个就是生活。有一个小说《献给艾米莉的一朵玫瑰花》，就是这个啊。生活就是每天在我们面前，这种东西看到了就不会忘记。

只不过《繁花》是集合在一块儿的声音，各人的故事习惯，散点的日常百姓的情况。西洋人自己吃自己一份，中国人叽叽喳喳一桌人吃，想想我们那些饭局，听那些碎片，基本是这样，每人都一直在说有意思、没意思的。中国式消闲，是素材聚会，天南海北，都这样讲和传来传去。

《单读》：您曾经谈到上海被误解，这是什么意思呢？

金：奈保尔最近来上海书展，主持人一直在问他对上海印象如何，他说我还没有看，还没有出去过啊。他出去了会是什么印象，我想起他的“印度三部曲”，整体对印度没有什么定论，局部倒是非常清晰到位。上海也这样吧，是模糊的，看不清楚，是容易误解的上海，但它的局部可以看清楚。

上海一直在急剧地形成中，开埠时代、太平天国时代、日本人打上海时代，都有那么多人跑进来，人人差不多都希望往这里跑，往租界跑，那里安全、自由，有商机，适合生活。那么多作家都喜欢租界，住上海亭子间，引人注目，也引人议论，这是没法的事。殖民主义引来大量的人，大地主、大知识分子跑到上海躲各种事，做各种事。鸳鸯蝴蝶派文人包天笑是苏州人，他回忆说在学生时代，苏州的长辈们都一致讲，上海是个“坏地方”，轻易不能去。可是苏州最有能力的人，最后都住到上海来。以后新中国成立了，户口三十年不流动，一开放，还是大量人口跑进来，富人、知识人都愿意来这个“坏地方”发展。这个聚焦说起来历史很短，就好像说美国年轻，实际欧洲最能干的人、最有想法的人，欧洲村子里最开通聪明的人，都跑去美国。传统欧洲也一样认为美国是“坏地方”，但也知道这种“坏”很有价值。这就是我说的误解。

八十年代到现在，上海进来了近两千万人，是开埠后最大规模的人口迁徙。当年这边出产大量轻工业的东西，引得国人都喜欢，结果一看，上海人怎么过日子的，1920年的老机器，每天每夜还在加班做东西，擦得跟新的一样。家里都那么小，“螺蛳壳里做道场”。上海人就是给人很怪的印象，这地方和其他地方怎么会一样？它是“魔都”，它变魔术。

另外，在任何城市里边，数量最多的是小市民，上海这么多人，碰撞率也就更高。其实对上海人的评价，经常是知识分子对上海小市民的评价。你做研究，就该以上海小市民和某地小市民做比较才合理，是不是？小市民其实都差不多的，就像各地知识分子也很相似。

《单读》：这种误解，大概也和上海比较早接受了西方的影响有关。人们面对上海，也许有面对西方的复杂情绪。

金：是不土不洋的风景，种种碰撞集中在上海。我写了这个小说，越来越觉得上海陌生，好像一座原始森林，个人怎么可以了解它。我只看了附近一小块地方、身旁的植被、一小队蚂蚁，很难想象我可以做个总结，可以全部了解它。前段时间我看上海“帮会”的资料，它的活动期很短，1950年代就被彻底消灭了，这是常识。但如果往上去看看源头，立刻就是盘根错节了，枝蔓延伸，曲折连接到什么古漕运历史的复杂里去。最普通的上海旧马路、旧弄堂，只不过百年，我眼里却像是有千年的老态，存了更多的房客和气味那样。即便是名人宅邸，也是秘不示人，或者就是拆没了的那种。就比如上海书展这块地皮，过去是人人知道的哈同花园，从伊拉克来上海的英国人哈同造的，他迷中文，迷中国人这一套，园中收了几个故宫的太监，建学校，进来出去的都是风云人物：隆裕皇太后、王国维、孙中山、徐悲鸿……包括一箭之遥的民厚里，住了戴望舒、郁达夫、毛泽东、郭沫若，这一带是上海的焦点。后来男女主人过世，日军进园子拆，哈同的养子养女大打继承权官司，都是当年的新闻头条，再后来一把大火，成为废园，最后造了这苏联式建筑，我小学时代是“中苏友好大厦”。现在一个牌子都没有，历史结束了。

我在写作、修订的过程中，越来越觉得，有些东西不能轻易给出判断。环境大变了，如今的读者应该比作家聪明，和我的年轻时代完全不同。1980年代最用功的学生，一定考中文系，念文学。这二十年来文字最优秀的学生，一般读金融或其他。不吃文学饭，但最懂文学，有最好的鉴赏，都在暗处看你这个文学。如果到现在还真以为作家无所不知，还是庙堂的高度，是很可笑的。普通的作家也就是讲讲人，讲他所知道的人和事，与读者应该平等，把自己知道的那点告诉他们，就行了。博尔赫斯喜欢《一千零一夜》，慢慢讲话，讲他所知道的事，提供给读者消遣与感动，也就够了，醒世教化，大家都懂的。《繁花》等于开门请人来坐，不是豪宅，只是普通人家、芸芸众生，让你看看跟北京胡同有什么不一样，就这么简单。

我们都看过很多小说，小说还是要回到你最熟悉的生活。即使你是知识分子，你也还是生活在市民中，你的亲戚朋友、三姑六婆都是小市民，这是分不开的。也有人说，这本书写了上海的小市民，现在上海还缺一本写知识分子的书。但是我觉得，我们只有建立了中产阶级的国家，才会产生知识分子的作品。现在我们的生活就是三姑六婆。像钱锺书先生写了几个知识分子的《围城》，看完后掩卷一想，还是市民生活啊，是市民的狡黠、市民的刻薄，还是市民味道。这就是中国，这么多年来没有改变，你皇帝都有三门穷亲戚呢。就像鲁迅先生写的一个短篇，一个人要做文章、做作家，结果家里仍然是大白菜，很多事，搞得他心情大坏，这就是中国。

《单读》：这里也涉及作家和读者的关系。市民生活大家好像更喜欢看，这种题材也富有行动、情节，但是现代小说强调个人写作和阅读，很多作家声称不在意读者，《繁花》因为是在网上写作，直面读者的反应，这是很特别的。

金：是的，假如独自写作，不会做到每天均匀的一大段。每一大段都用突然结束的办法，是网络的作用，是为了吸引读者才这样得，每一段“且听下回分解”，是留有悬念的，与一般的长篇小说不同。我以前也写过四五万字的中篇，只面对自己，一路推进，没有每一节为读者考虑。最主要的是对自己的怀疑，怀疑我这样写是不是可以。就像画画，画了几笔，退后去看。但是这种心理在网上写的时候完全不需要了，下面有人议论啊，你只要看他们议论就够了。有时候我写了一段非常静态的，底下的回应就很沉闷，没有几个人，我就会警惕：这段是不是太闷了。这个网站里面都是看小说的，五十岁上下的小学中学老师特别多，人也客气，不会骂你。他们应该代表了基层的文学读者。我觉得这是很不错的方式。哪怕你闷在家里写，最后也一样是给读者看，我不过提早让小说进入被阅读的过程。

写作心态上是逐渐地升温，蛮好玩的，写了一段，突然就有读者了。我们写一篇小说，等于你一个人孤零零地在台上唱，周围没有任何反应，要等一年后才会有。现在在台上一唱就有人鼓掌，唱的人当然高兴，就会超常发挥。等于你就在众人的眼皮子底下，你会相当谨慎，特别敏感、兴奋，也特别周到，复杂的氛围、责任感，就像一列火车慢慢开动那样，最后找到一个速度，同时考虑每个站怎么样，速度带着你跑，慢慢占据所有的时间，也不觉得累，醒来就是坐在电脑前，只要清醒的时候，速度和时间就带着你往前。

《繁花》出来后，我一直建议朋友可以这么写，换一个名字，多轻松，多自由，偷着乐吧。干吗老戴着自己的帽子，不如变成谁都不知道的人，底下谁也不知道，这过程非常开心。

我说这些，还因为我是一个二十多年的小说编辑，如果没有文学的训练，大概不知道写到哪儿去了。小说一旦产生，就一直注意它的发展，确实是一个好状态，以后写长的东西一定要这样来。就好像说本来一个人喝闷酒，找一帮人喝酒不是很好吗？写作我也不把它看得特别高，我们曾经看高了多少小说，实际也不过如此，它要经历时间的考验。

《单读》：但的确就像您说的，这样的写作如果没有积累恐怕也不行，包括您的经历，您见过的人物，您的思考，还有您对上海这座城市的认识和感情。

金：我是对上海这个题材一直有想法。左翼文学盛行的三十年代以后，城市是被批的，要和工农兵结合，城市藏污纳垢，是资产阶级、封建残渣余孽聚集的地方。而现在是城市化，乡村正在逐步萎缩。我最近看到一篇文章，说“城市”在希腊语里是“母亲城”，我们中文提到故乡，是乡，家乡、故乡、乡亲、老乡，中国是农业国家嘛。但是我看到“母亲城”，觉得太惊讶了。意大利导演费里尼讲，罗马是最遭人诟病的一座城市，像有太多孩子的母亲，根本不管这些孩子，这些孩子愿意来就来，愿意走就走。这话非常形象，这种话会引发你对城市的情感。

我家装修那阵，我对工人发感慨说，我年轻时代比你们苦多了，下乡到东北，那个时代不能四处流动，出门先换全国粮票，没有全国粮票，再有钱都不行。有段时间，我们被拉去哈尔滨盖房子，高兴得不得了。结果有人跟当地人吵架，把我们全部遣返，好几个人都哭起来了。现在多幸福啊，可以流动，即使现在提倡底层文学，强调民工问题，就我这个老家伙看，好像我那个时代还是更苦一点。装修工人是贵州人，他说，你有没有想到那时农民比你们更苦。我说是呀，当然更苦，是一直待在黑屋子里的一种苦，不知道外面怎么样的苦。我是从一个还算明亮的地方，搬到黑屋子里面关起来，感觉是不一样的苦。你在上海生活了十几年，把你拎到这里来，这种对比就苦，不是皮肉之苦，是心里的苦。

当时有些青年摧残自己，希望病退回到上海。他们用小铁片贴在后背拍 X 光，说肺里有个洞。我写过一个人物，他最后受伤了，被收割机压断了一条腿，大家暗地里讨论，他是有意的还是无意的。另一个女孩子出的是铁路事故，轧掉了一条腿送回上海，也有人羡慕她，毕竟她有上海户口了。直到现在为止，对进城、对大城市户口的羡慕，还是我们的特点。

在当时来说，我们这代人，所谓的城市人，远望它，又进不去。包括我本人有胃溃疡，办病退提早一年回上海，回来还帮东北那些同伙代拍片子，一个月里冒名拍了五六次片子，给一个女大夫认出来了。当时满感激她，她严肃地拉着我说，你以后不能再来了。代替别人弄虚作假，当时就是“破坏上山下乡”，非常重的罪。她说最主要是你不要命了，吃这个射线，怎么可以一个月拍五六回。这种回忆对于没有离开城市的人，是不能体会的。

对于城市，那段时间是比较尴尬的，一年多回上海一趟，完了又回去。等于两个从不分离的男女，和那种见面后必须分离的比较，后者的情感肯定更炽烈嘛。我在东北的七年，远望上海，可望不可及。《繁花》没有写到这一块，书里有个女青年去了吉林，后来就疯了，再也没有提起，是有意强调一个重点——上海的生活是一个奇葩，表面上也许千篇一律，内里还是丰富的。包括东北的很多上海青年，躺在炕上回忆城市生活的样子，是城里人难以想象的。

《单读》：所以您同时有乡村和城市的生活经验，在写城市的时候，还是隐隐约约地有乡村这个背景在。

金：我像两栖动物，有的动物在森林里，有的动物在海里，我是林子里也去，海里也去，这肯定不一样。我知道海里内容多，最多也是借这个小说把细节告诉大家，不讲什么道理，也不建立哲学思辨。我没这种爱好。

《单读》：那当您在城市里，比如现在，也会远望乡村和知青的生活吗？

金：这是我们这一代人共同的东西，知青们有很多聚会。但我内心和很多人不一样，我否定知青运动，因为我喜欢城市，我是被强制迁去北方的。当时我这批六八届叫"一片红"，就是无论什么人都要去，除非是残疾人。如果不去，天天敲锣打鼓到你家来。尤其我父母有"问题"，我就必须要去了，把户口迁掉。我对这个记忆犹新。

很多同伙说，哎呀，我们回老农场去看看？说的时候都特别有感情，我没有这份感情。后来我总结了，他们都在那边谈过恋爱，周围的记忆都是粉色的。我干脆跟他们讲了，我在那边没有谈恋爱，我没有这样的颜色。那个地方没什么可看的，一个大型的农场，现在全部拆光了，变成美国式的农场，几百里几十里只有三四户人家，全部都是机器操作。

原来那是苏联专家设计的劳改农场，中苏关系破裂之后，劳改犯人迁往关内，因为不安全了嘛，把知青回填到劳改农场。严歌苓写过《陆犯焉识》，我上次在香港碰到她，我说我就是从劳改农场出来的。还有杨显惠写过《夹边沟记事》，他和严歌苓都是去采访才得以了解劳改的，而我是从十六岁起就生活在里面。虽然犯人迁走了，但是刑满释放的人都在农场里面，等于他们是二等人，在那边担任一些最重要的技术工作。我们过去之后，他们就指导我们怎么干各种农活，整个的形制都是劳改营的样子，包括领导全部是劳改干部，半军事化的劳改干部。所以说，我对知识青年的感受，可能和其他一部分知青不一样。当时林彪讲过一句话：知识青年上山下乡，就是变相的劳改。我当时就想，对啊，我几个师傅都是劳改犯啊，我们就在劳改犯中生活啊。这是我的一个特殊性——心里边从来没有一点点那种“战天斗地”啊、“火热的激情”啊，从来没有过。

1969年我们刚到的那天，有一个上海青年跑了，连夜走四十里路跑回小火车站。当地干部素质非常高，晚点名发现人没有了，不着急，一早骑马去追，让他一夜就在外边跑。这四周没其他出路，就一个小火车站，而且周围冰天雪地，你跑吧。第二天骑马带枪过去，立刻押回来。他肯定是在那个小地方等火车。那地方连着几个大农场，和中国农村完全不一样，1970年百分之七八十已经机械化了，捷克的、波兰的农业机械，但也需要人配合。设计就是这样，比如干农活，铲地就是锄草，一条垄有两公里，从早干到晚都到不了头；割麦子，8月下大雨，机器进不去，就人工割，割三天都割不到头。

我就是在这么一个氛围里边生活的，所以应该允许我跟其他知青的情感不一样。

《单读》：您当时想念城市，可以感觉到那是什么吗？是想念一种文明的生活呢，还是厌恶被强迫？

金：是一种本能。想想看，人都是这样俗嘛，人往高处走。我上一次在瑞典，瑞典有一位作家接待我们。他们夫妇收养了一个江西小姑娘，大概一岁左右抱来的。我们见到的时候，十三四岁的样子，看起来完全就是中国小女孩，但她所有的行为啊，举手投足都像老外。他们生活在一个岛上，风景非常好，开一个汽艇，把我们接过来。走的时候，小女孩开汽艇送我们。我就一直看着她，不知道自己在想些什么，为她高兴还是难过。她会怎么看故乡呢？他们一家三口回江西不止一次，还去找过她生母。人往高处走是合理的，如果人往低处走，把这个小姑娘再弄回到江西农村，她会是什么样子？我的比方不一定确切，但这是很简单的道理。

《单读》：从八十年代开始，您就发表作品、得奖，当时的文坛是什么样的？

金：那是一个难忘的时代，西方小说开禁了，整个“文革”时代培养的几辈人的阅读习惯开始焕发光彩。八十年代初，上海买书都排长龙啊，那都是过去买不到的宝贝。当时的情况是所有的人，菜场卖菜的、服务员、公共汽车卖票的，年轻的男男女女都会看《安娜·卡列尼娜》，看《悲惨世界》。我很怀念这个场面，这实际上是中国最好的阅读时期，是荒漠年代形成的对文学的饥渴，不正常的饥渴。我经常在想，如果当时坚持这样引导读者，不是门禁一开，大家不管不顾走市场道路的话，经过一两代人，我们会有很好的艺术气氛。就像俄罗斯，再穷的时候，都知道文学艺术是最好的。但没想到，紧接着就是不管了，什么都不管了，港台的东西过来了，自由竞争，自生自灭。《上海文学》一开始有八十万册的发行量，现在那是不敢想象的事情。我的意思是，如果当时就立法，比如文学艺术方面的读物必须放在每一书摊每一书店最主要的位置，几代人就知道什么是最好的，因为到处都能看到。包括书店设点，多少范围内必须有，就像必须有幼儿园、公共厕所那种配置，房租由其他商铺分摊。一百年下来，就有社会效果。

作为创作来说，那个时代的小说作者都非常兴奋活跃，非常敏感，非常思变，在文学表现上五光十色。八十年代末《上海文学》的小说专号，每一篇都是那么不一样，那么讲究个性。那时代的风气，整体上有一种建立个人特色、实验的、好奇的思维。但八十年代末到九十年代初，完全转向经济发展，影视介入，自然就追求故事，向影视靠拢，文字就不重要了，逐步失守。一个西方翻译家讲，他翻译中国文学已经不需要查字典了，意思是说文字、语言、结构、样式慢慢就看淡了。九十年代以后，杂志的来稿很多就是大白话，开始都是我怎么样，我爸爸妈妈怎么样，我家里有什么人怎么样，不管是中篇还是短篇，上来就自报家门，完全就这样了。

如果说文学是一切艺术之母，那么音乐也好，美术也好，最忌讳的就是趋同。我写的曲子和你一样的话，我要自杀了，对不对？但是文学这一块，慢慢就消失了语言特征。包括翻译，似乎翻译不需要语言，只要故事好就可以了。如果把作者的名字拿掉，都不知道是谁写的。你把王安忆的名字拿掉，把张爱玲的名字拿掉，人家一看就还是张爱玲、王安忆写的，我们至少要做到这一点，这是最基本的。我自己的想法是，一般意义上的小说，我是不会写的，每年已经有那么多了。除非写个不一样的，比如语言，比如标点符号，比如《繁花》里小毛念一本繁体字老书，用繁体字排书名和句子，文学创作需要一些个人的痕迹，像马修斯讲的，“作家对于日常语言的一种轻微暴力”。

如今是几代人接受普通话的教育，我们听方言、看方言的作品都很吃力，但放在三四十年代的话，当时没有这么严格的普通话教育，辨识度就好得多。经历了几代的普通话教育，接受了大量翻译语言的影响，我们再看半文半白的东西，就看不下去。如果我们不用大量符号，引号、惊叹号、句号，不用普通话，我们就读不下去了。这都是我在想的问题。

这个实际是意味深长的。方言一直跟随生活在变，普通话也是以方言，以北京话为基础形成的语言，它变成标准语言之后，固定在字典里，实际是人造的语言。人造语言很多地方是好的，譬如科学论文等技术性的东西，不需要表达情感，不表达人的色彩，人造语言就是最好的，严谨的。但用在表现活人上，效果不一样。普希金说过一句话：我不爱没有语法错误的俄语，等于我不爱没有微笑的双唇。福克纳去掉标点符号，这些都体现了个性的努力，文学的努力。追求个性的努力，在八十年代是大家关注的。你想，《繁花》的语言要是经过翻译，恐怕就没有了，所以说到底还是小说给谁读的问题。我自己的定位是，这本书是给中国读者读的，期待能够雅俗共赏，我就非常满足了。

《单读》：所以您也不求翻译获得国际影响？

金：不求。我上次到巴黎书展，有一个法国出版社喜欢《繁花》。我也问过贾平凹老师，老贾说，没有什么钱的，有什么意思呢。当然莫言得了诺贝尔文学奖，是中国文学最值得庆贺的大事情，但另一方面说，我们面对的仍然是一个强大的西方。文化上，还是西方中心的。法国路易十四的财政大臣科尔贝说，要让法国在每一个领域，科学、商业、艺术和文学都成为世界上最伟大的国家。他真的办到了。我们历史上没有这样的人物，我们一直是自给自足的思维。

《单读》：不过《繁花》应该很难翻译，这大概也是文学中的矛盾，独特的语言往往无法翻译。

金：我刚才讲八十年代的小说追求语言，但是语言中没东西啊，《繁花》除了语言，是有生活现场的，生活现场是不会消失的。我们看德国小说、法国小说的译本，文字的韵味基本已经没有区别，只有俄罗斯小说有区别，因为人名特别长。还有就是标点的效果明显，福克纳的长句子可以照样翻出，一般的语言特色经过翻译就没有了。上次在巴黎，一个朋友告诉我，法文译本《红楼梦》翻了二十多年。我那位朋友在法国待了好多年，他说实际在法国，《红楼梦》并没有什么人看，宝玉这个名字你怎么翻，有很多隐喻、很多对话巧妙地牵涉到这个重要的名字。如何翻译？毕竟法国是欧洲的心脏，也就是说主持、支持这个翻译的机构很满足——中国最好的小说我们已经翻译了，但实际阅读是非常少的。

《单读》：如果不考虑翻译，语言的独特创新应该是判断文学作品最重要的指标。这种语言的自觉是您一直在思考的吗？

金：我的职业是大量看稿，编辑就这样，看稿比看书多，好处是了解写作的基本面。也可以讲，《繁花》这本书表达了我多年读稿的反馈。现在看八〇后九〇后作者的稿件，翻译腔已经影响作者到了什么地步呢？拿起这个长篇来，你以为是西洋小说。普通的读者可能翻翻就算，但编辑是看稿、交流，看作者的反应，作者的骄傲程度编辑心知肚明。作者对修改意见的想法回应究竟如何，是不是有常识通识，编辑最明白。我长期做这个工作，看作家的世象，《繁花》这个小说基本都是和当下的写作习惯做出相反的趣味，这样才有意思。

我一直是这样感觉的：做了编辑，就会变成一个挑剔的人，成天挑剔别人的稿件，晚上怎么可能鼓励自己写作，自然而然会觉得，我昨天写得不大好嘛，今天又改，改来改去，改到最后就放下了。做编辑就不大容易再写小说，除非你马马虎虎看稿，不上心。1988 年我调到《上海文学》做编辑，《萌芽》的主编曹阳说，不能做编辑，做了编辑就写不出好作品了。因为 1985 年我在《萌芽》发了第一篇小说，曹阳把它排在末篇，没想到马上被《新华文摘》转载。他听说我去了《上海文学》，非常惋惜。

《单读》：所以说如果没有网络，您就不会再写了？

金：肯定不写了。网上闲聊是个意外，最后触动了我，觉得不对了，是一个小说了，因此有一些东西被唤醒了。包括修改二十遍，都是过去的习惯醒了。

《单读》：反过来说，是不是正因为积累沉淀了这么久，所以《繁花》这么成熟。我现在看很多作家写得太快了，有个题材很快就写出来，没有修改的时间，写得也很多，可能会有问题。

金：这就不敢说了。快写也有很多好小说，但是我比较了解我们的创作界，一些作者非常迷惘，不知道怎么写、写什么。我曾经接到一个来稿，前几年国内有一个著名的抢劫案，这个作者只会照着它的样子，一点都不变，只不过换个人名，写出一个小说。我惊讶的不是别的，是一种迷惘，一种麻木的惯性。怎么可以这样？这是大家都知道的案子，你没新内容写了？实际怎么可能没东西写呢，只不过是没有找到属于你的一口井。写得快写得慢，则因人而异，有写得快越写越好的，写得慢也有越写越好的。

《繁花》是一个奇怪的经验，我跟王家卫对谈时已经讲到了，这是一个老太太突然怀孕的经验，不足为训。老太太面对这个小孩呢，自然特别在乎，每天给她打扮，所以我会打扮二十遍。但这是一个反常。年轻女人一年生一个，很平常的事，老太太怀孕，大概走路都抬不起头来，所以我这个经验不能当例子，是不能参照的。只能说上帝对我很好，很顺利，我的努力超常实现了。

也因为这本书，我非常惊讶媒体的力量。这种快速的反应、相互之间的影响、连续性的报道，八九十年代是没有的，我很害怕，也很不习惯。但从另一个角度讲，我们一直说文学被边缘化，至少在这件事情上，我们还是有那么多读者喜欢看小说的。我刚才已经讲过，读者的文化背景、所受的教育、如今的视野，是五十年代人很难比的。实际上我这一代作家，已经到终点了。但我充满信心，我非常看好目前文学与网络时代犬牙交错的状态，我相信会有更好的作家出现在这个时代。尤其是前一阵讨论的网络写作，遇到过一些网络写手。我知道网络写手是不被娇惯的群落，香港书展的宣传文字里已经认为，网络作家是将来香港写作的希望。所以说，每个时代的表现都不一样。我和《繁花》，是看轻时代的，时代很快就会过去，就算它重要，也是因为这几十年我们活着，所以觉得特别重要。我在《繁花》里面写到，人的一生不是一棵树，是一片树叶，最后都会不知所终。很多很重要的人，写了很重要的书，讲了很重要的话，等到他死以后，就不见了。从发展的眼光来看，你只能寄希望于未来。我从来没有觉得我们这一代怎么样。我们看历史书，翻一页就是五百年，所以说，《繁花》里面到最后有一些虚无的东西，我觉得是对的，我们的传统就是虚无。虚无不是说让你怎么潦倒，它是正能量，正是因为这种虚无，所以要珍惜当下，很好地表现生活。包括人生的终点，文学不大表现，我们小说都表现得很有信心。人生就像鲁迅所说的，小孩子过生日，大实话就是将来要死的，不讨喜嘛，但这是真话。

十 影像

095 比夜晚还要黑暗的东西

朱墨

比夜晚还要黑暗的东西

影像：冯立

策划、撰文：朱墨

都市性格的心理基础包含在强烈刺激的紧张之中，这种紧张产生于内部和外部刺激快速而持续的变化。

——奥尔格·西美尔

中国如今的都市化进程改变了人们的生活方式、认知方式和心理状态。都市所改变的心理状态以瞬间印象为主，是以快速转换的影像、瞬间一瞥的中断与突如其来的意外感。观察处于这种心理状态下的都市，最合适的方式莫过于通过摄影。冯立生活在中国算是最安逸的一个城市成都，混迹在人群之中，面对着各种潜在被摄者，拿起相机按下快门。冯立是如此形容他拍照的："我就像只蜘蛛，织了一张网，织好后我岿然不动。当有蚊子接近时就把我触动了。"

冯立的那一张张城市街道、路口、公园的照片，一方面与我们人生中似曾相识的风景、曾几何时相遇的经历以及遥远的记忆相互交织，而另一方面又在残酷地提醒着我们，这些被他记录下的影像对我们而言，是不可及的，"我们无法返回"的特点场景之中。我们也曾在这样的街道上走过，目睹人们在街道上打架，注意到穿着成年人衣服的小孩。确实，我曾在街道上感受到漫天纸花飘落下来洒在我身上，但这些不是冯立捕捉下的那些纸花，也绝不是冯立曾驻足的那个街头。好像冯立一出现，那里就会有一些奇妙的事情会发生。他的作品好在没有创造任何影像，反而能够呼应这个世界和现实，但是对于已经知道太多的我们而言，是否还有达到显现世界这个境界的可能性呢?

冯立大多数拍摄都是在道路上与被摄者相遇，靠近他，打着闪光灯按下快门拍完走人。即使在白天，冯立也几乎每次拍照都用闪光灯，正是闪光灯的粗暴和强横的介入使影像的不安感、戏剧感加剧。在他的闪光灯下，少女的无邪、男人的丑恶、都市的肮脏、人事的无常与无奈都在这一瞬间得以显现。这些场面和人物使画面形成一种特殊的气氛。而这很可能是一直隐藏在城市深处无法激荡出来的本质的气氛。

冯立用这种“直接摄影”方式拍摄了大量照片，我们看到了一座城市非常黑色的一面。街头上拿刀的老人、扭打在一起的人们、面对橱窗照镜子的男人，抑或在街头烧花圈的人，这不再只是表现主义，已经透露出“黑色性”。但正像他自己所说的，并不是他给这份凶猛注入能量，而凶猛的就是现实。他的照片其实只是这个世界凶猛的反作用力而已，是这个时代下生活的产物，更是在对现代都市给人的压迫和窒息中形成的一种生理性的反抗。他在与都市对峙的一种亢奋状态下拍摄。冯立的摄影证明了，观看这个事情是用身体观看，并不只是眼睛。他通过照片给出强烈的身体存在感。他的摄影犹如一种街头的冒险，将自己扔进人群之中，把不认识的人都当成熟人，把熟人当成如同不认识的人，然后与之相遇，观察他们。而照片只是他冲进人群之中被撞击起来的自己而已。

受美学驱使的摄影师是无法像冯立这样物理般拍摄下大量照片的，也就是说，如果不是纯生理地去拍照，绝对无法拍摄如此张数。就好像摄影并非要很聪明地去拍，而是感觉突然来时立刻靠近拍下一样。而驱动冯立如此在街头摄影的是什么呢？我想应该是，“街道上尽是比夜晚还要黑暗的东西”（雷蒙德·钱德勒）。

冯立的照片大部分是幽暗的，黑暗充斥在照片之中，仅有的光亮被摄影主体占据，照片因此充满了不确定感。而黑暗成为了一种空洞、缺乏人性的虚无失落的影像。照片中黑色的气息不仅来自当下图像所记录下的杂乱无章的场景，更来自一种摄影师内心的某种情结。现实的场景与他内心的情节彼此呼唤、映照，从而变成了一种“相互凝视之物”。似乎这些照片在表明一种触发创造力的抑郁。这种四溢的幽暗暗示着某种无法消除的焦虑，并暴露了人性中的阴暗。这些照片并非因为表达出一种反抗，而是因为它们的幽暗、愤世嫉俗和悲观主义而迷人。就像光暗淡下来，主题更加宿命，而基调悲观无望。对过去和现在充满激情，却对未来感到恐惧。

虽然照片本身是粗暴凶猛的，但这些照片的画外叙述却高度诗意化，悲观主义和存在主义的苦恼充斥其中。禁忌被冒犯后所造成的张力和诗意成为冯立照片重要的两个部分。这些照片就像迷雾一样飘浮在这个国家，在这个社会奇谭中狂欢，仿佛要消解任何身份和差异的踪迹。

阅读冯立的作品，相信不会感受到轻松。这些作品无疑是让人紧张的，有种嚼玻璃碎碴的血腥意味；也可以说是凶猛的，大部分照片呈现出一种脱离了常态的乖戾、丑恶和茫然。作品中所展现的黑色气息令人紧张和焦虑。作为一个具有魔力的梦幻影像，它召唤也压抑了无数个我们自己。也许可以用来描述这样一个沉寂的时代，一种对根本没有存在过的某些事物的怀念之情。也可以被从一定的距离之外来看，用它来对当代生活进行批评性的和自我反射式的分析。

△ 报道

111 小城

李静睿

我试图讲出那些不可安慰的故事，但这不过是一个太容易被虚妄安慰的小城，就像一圈一直输一直输的麻将，它总能想象着自己会有转手和一个三番的时候，却不知道牌局已经走向终点。那些输出去的筹码，早已被时间兑换为现金，永远不可翻盘。

小城

撰文 李静睿

一

每个小城里你都能找到这样一座公园，无一例外。公园里有一个漂着密密水浮莲的小湖，所谓的码头上系着几艘从来没有人划过的木船，鲜黄色鸭子形状的电动船慢吞吞开在湖中央。岸边柳树的确有枝条像诗里那样垂下来，叶子上却落满灰尘，只有在3月底，新生的柳叶缓慢舒展开，万物好像都还能重新开始。

破败而花哨的儿童游乐园，秋千上只有一块狭窄的木板，胆大的孩子可以一直把自己荡到树上去，没有电视里和王菲的歌中才出现的旋转木马，转盘上有一圈墨绿色铁椅子，坐久了会沾上掉下的铁漆。转盘有时候转得太快，有人哇地吐出来，秽物很久才有人来清除，味道许久不散，孩子们还是勇敢地排长队等着坐上去，那个空掉的座位像一颗缺掉的牙。

后山有一个动物园，所有动物都极为勉强地活着。小猴子试图从铁栅栏里伸出弯曲的小爪子，一把攥住我手上的锅盔夹凉皮。我逗了一会儿，扔进去一块浸满红油海椒的面筋，它龇牙咧嘴吃了，又眼巴巴看着下一个人手上的凉拌洋芋条。这里的猴子待久了，个个都能吃辣椒，我想象他们要是去火锅店，底锅可以叫上一盆重辣，然后会用爪子捞鹅肠，一爪切开三斤半的花鲢鱼头。

这样的记忆可以无穷无尽排列下去，但所有记忆都只是平庸无奇。这本就是一个平庸的小城，我的记忆是一张还原度太高的照片，不管用什么滤镜都改变不了它的粗糙质感。那些丑陋的楼房，污脏的河水，一碗碗凉面中焦黄发黑的牙齿，热切又无望地期待发财的人们热热闹闹地挤在照片里，这就是我的家乡。

二

小城的这座公园最早叫“釜溪公园”，因为不远的地方流着釜溪河。这是沱江的一条支流，并不是所有四川小城都可以和长江扯上那样直接的联系，这座城市里很多人从来没有见过真正的长江江面，所有关于水的想象不过是来自这条窄窄的釜溪河。

城市边缘倒是住着一些三峡水库的移民，在光秃秃的石头山上凭空生长出几十栋楼房作为安置房，外墙面镶着白色瓷砖，从公交车上远远看上去很像特别高的公共厕所。从来没有人和这些移民打过交道，他们去哪里买菜，他们清明怎样上坟，他们是不是只和楼里的人打麻将斗地主？关于他们的一切都是含混不清又无人关心的谜语。更没法跟小城里的人讨论移民是不是公平，这些话语在任何场合都不适合提起，都是一个空惹人嘲讽的笑话。何况“国家”不是给他们每家分了一套新房子吗？他们以前的房子肯定烂朽朽的吧，肯定不是楼房吧。还有，据说有些能闹的人不是还能拿到十几万吗？狗日的就晓得闹事。麻将馆里坐满忧心忡忡的人，一边做着“清一色”，一边忧心“国家”真的被狗日的揩了什么油水。

釜溪河可能曾经是一条真正清澈流动的小河，但我第一次见到时，它就已经暗淡肮脏，水面上浮动着卫生纸和矿泉水瓶，生活污水从上游直接排进来，不知道哪家人倒进去一双坏掉的红色拖鞋，一直漂到市中心。即便这样，釜溪河还是跟所有类似城市的类似河流一样，被人硬生生编造了“自流古井”、“河府人家”、“盐道遗风”、“龙池唤鱼”、“水涯晓渡”、“釜溪牧歌”这样空洞乏味的景点名称，其实每个景点前都只是一模一样的茶坊，卖三块钱一杯的毛峰，不喝茶的人叫同样三块一杯的菊花茶，特别讲究的人要提醒不加冰糖，或者把红枣剔出来。没有人喝过二十块钱一杯的顶级花毛峰，我疑心那不过是一个传说，只在塑料覆膜的菜单上出现。天气稍微放晴时，大家吃过午饭就急急忙忙赶过去打牌，都想占到河边的位置，虽然水面上一股隐约的臭气萦绕不断，一层层瓜子壳花生壳要很长时间才会渐渐沉下去。

釜溪公园1930年开园，没多久就有了一家餐厅“好园”，小城里的盐商出了名的殷实阔绰，他们支持从南京回来的名厨王锡之、王刚全父子开了这家小城的高级饭馆，开在湖水中间的水阁里，菜单上有火腿蛋黄面包果酱，鱼却还是只有豆瓣和脆皮两种做法。现在我们只在过年的时候才会吃到脆皮鱼，一斤半的鲤鱼裹上厚厚的芡粉炸出来，直愣愣地摆在盘子里，讲究的人会用白萝卜胡萝卜雕上两朵花，撒在汁上的芹菜末是接近于白的绿色。城里很少会吃到放糖的鱼，所以总是放得尤其甜，人人都疑惑到底是不是真的应该如此，但一年也就只有一条这样甜蜜到齁住喉咙的鱼，它最后总归能被吃成一个嶙峋的骨架，陪伴着被汁水弄脏了的萝卜花。

1939 年好园被日本人炸了，饭店又重开到了正街上的十字路口，改名为“盐城餐厅”，还是卖一样的菜——牛肚梗、干煸鱿鱼丝、水煮牛肉。五十年代当然改为了国营，整齐划一的城市历史不过在这一盘盘整齐划一的回锅肉里，每一盘都成功地爆出了灯盏窝儿，卷起来的边微微焦黄，就像被过于草率粗暴地翻过去的这些时间。

釜溪公园在 1941 年短暂地改名为慧生公园。谢慧生是四川同盟会富顺分部长，保路运动之后在蜀军政府里出任总务处长。他一生辉煌的顶点大概是孙中山曾经把“孙文”的印章交给他，又发电文说：“委任谢慧生为全权代表，执行中国国民党党务事宜。总理孙文。”但是后来他反孙又反共，1939 年寂寞地死在这座小城，死之前好几年就已经半身不遂。没有人知道他，唯一一篇关于他的文章发在《自贡日报》上，一千字把他定了性。在机关事业单位上班的人就着早上现泡的竹叶青读了，那张报纸中午被一荤两素六块五的盒饭压在下面，最后浸透了油污被扔进垃圾桶。来来往往的人站在公园的柳树下歇凉，吃一个鸡蛋糕，剥开一个青柑子，又拿出保温杯喝茶，这座公园曾经的名字像蛋糕碎屑一样，漂进已经满是各种碎屑的湖里。

又过了九年，它开始被冠以“人民”的头衔。这个城市和这个国家一起被人民占领，人民公园、人民路、人民餐厅。人民偷偷地在这些头衔下搓麻将，开始还一直打复杂的四十和，东西南北风红中白板都在，番数不够就不能和牌。后来小城的麻将和生活一起走向迫切焦急，先是把大字去掉，后来连万字都消失了。三个人打两方牌，五分钟就是一盘，自动麻将桌里的两副牌轮番运转，洗好的那副带着一种奇迹感冉冉升起。有时候和牌太快，刚下去的那副还没有洗好，三个人就这样茫然等着，连讨论上一盘的兴趣都快要失去，不像以前，摸来摸去都不能听牌。

我爷爷一直记得他有一张白板打错了，输掉一个水份很足的翡翠镯子。妈妈生我之前忍着腹痛和奶奶打完了最后四圈，做了好几个暗七对都没有成功，这才被送去人民的妇幼保健院。她很快回到了牌桌上，爷爷奶奶的老屋里有一副麻将从来没有收起来过，大人们都在打牌的时候，拿一根绳子把两三岁的我拴在桌脚。我像小动物一样被困在方圆两米、头顶是哗啦啦的另外一个世界。又过了两年，我爬上牌桌，学会了进入这个世界，四个孩子凑成一桌，最大的也才十二三岁。刚开始十二张牌也能和，大人们偶尔经过，兴趣盎然地在边上做技术指导——这张幺鸡不能打！

我长到六岁，麻将已经打得很熟练，虽然摸对面的牌手还是不够长，有时候放了三番要哭一场。我才去过几次人民公园，它就又变成了彩灯公园，因为之后每年的灯会都要开在里面，最开始四年一届，后来两年一届，最后年年都开。小城一直用的是内江白马电厂的电，开灯会的时候整个城市轮番有节奏地停电，通常一大早开始停，下午五六点又来了，还是能伪装出灯火通明的城市夜景。但是在漫长的白天里，看不到电视打不了麻将又没有电热毯睡午觉的中年妇女们，只能聚集在小区花园里聊天，所有的八卦都被反复说过了，整个小区里都没有新的人被捉奸在床，最后只能沉默地看着小区里的几株腊梅刚刚开出黄色喷香的小花，可能每个人都在默默衡量能不能折回家去插瓶。

2008年冰雪灾害的时候，广州的《南方都市报》有篇报道叫“四川自贡停居民电举办灯会遭质疑”。自贡没什么人知道这份报纸，但新浪新闻放在首页上一天也就传到了成都，据说不知名的部门有不知名的领导批评下来，自贡市委的宣传部副部长急得赶到广州去，那个时候已经是腊月二十七。副部长我认识，小时候我们住在同一栋红砖楼里，每层楼四户人共用一个不能冲水的厕所。当然他很快就搬出去了，最早在小城里拥有一套带独立卫生间的房子，家里不用放尿桶，洗澡不需要烧一大锅水。一直到读了大学，我才摆脱那个关于尿桶的噩梦。副部长有一个和他几乎长得一模一样的儿子，白净端庄，可以想象一直要从大队长做到团支书再做到学生会主席，最后进入某个政府机关，被定格为“领导”这个词。只是我难以想象“领导”曾经跟我们一样住在那栋破旧的小楼里，不远处就是恶臭的公共厕所，院子里有一个巨大的潲水缸，收潲水的人迟迟不来，人人都不敢出门。

副部长那个春节可能过得不好，但那篇报道最后不了了之，小城里所有的事情都是不了了之，时间漫不经心地抹去一切。又过了两年，好像有个什么“川电东送”又修了不少变电站，办灯会的时候不再停电了，又一个“进步”的铁证。我们被种种诸如此类的铁证囚禁其中，退休金年年都涨百分之十，农村人现在有大病医保，癌症都能报销百分之九十，公务员和事业单位涨工资又往前补两年，几万块巨款拖了很久，最后到底是发下来了。很多咀嚼又咀嚼的怨言要是真的吐出来，就像谈论三峡移民一样不合时宜，岂止不合时宜，简直没有良心，就是不知道到底是在跟谁讲良心。

三

灯会票不怎么能卖出去，越卖不出去越卖得贵，到2013

年变成一百块一张。这笔钱在牌桌上也就是二十个炮，但要花在人人看过的灯会上还是让人不可接受。有几年，不管是机关还是事业企业，每个单位都要包销一部分，起了个名字叫“一日一业主”。这些票被发下去作为春节福利，一发就是一人好几张，所以最后变成没有人买过票，却似乎人人都有票，门口的临时黄牛党们一张面值十五的票卖不到五块钱。那些票总是按照区域确定时间，贡井区所有的票都在同一天，去彩灯公园的 11 路前所未有地拥挤，是不是真的按照一大家子的人数往自动售票箱里放钱完全是考验人民的素质。我知道人民素质的现状，有时候我们一大家子十五六个人，放进去十二三块钱，大家都觉得简直称得上高尚。

公园早就被手拿免费票的人民占领，每个灯组都不可能真正看清，一路都在扯着嗓子喊人。进门之前已经说好要是走散，就在山上九龙壁灯组那里等，但是九龙壁也不容易挤进去，隔着五十米就算进入了中心地带。湖里有八仙过海和琼楼仙境，我奋力挤了很久才看到何仙姑的蓝色纱裙，然后发现她还是远远望过去比较美。头顶上有人在高空拉起来的钢丝上骑自行车，做出一些我们其实看不太清楚的惊险动作，他是这个拥挤世界里唯一从容的人，即使脚下只有一根细细的钢丝。

2004 年元宵，北京密云的自贡灯会发生踩踏事故，当时就说死了三十七个人，这个新闻被央视女主播用沉痛的职业腔传回自贡，却带来让人意外的成就感：原来自贡灯会都开到首都了！没法解释密云不等于北京，这个灯会大概类似于我们农村人赶场，花五块钱看一场流动马戏团的情色表演，女郎们敬业地在寒冷的腊月穿着三点式，大腿冻出粗糙的斑点。如果一个遥远贫穷的小城需要如此这般寻找存在感，真话只能是另外一种没有礼貌的不合时宜。

2010 年春节我刚结婚，和父母带着第一次来自贡的老公去看灯会，他郑重地背了一个四千多块钱买的佳能相机。那个时候已经不分单位包销票了，但爸爸还是想办法搞了四张。“搞票”是一种能力和地位，也是一种完全的下意识，我们走到公园口，发现临时的黄牛们卖不知道从哪里搞来的票，一张二十。他们看上去都不像黄牛，怯生生地站在路边，机械地重复着：“灯会票！灯会票！二十！二十！”可能这些感叹号都加得过于主观，因为他们的声音里写满了生死有命。这些票大概是领导们随手漏出来的，送给曲曲拐拐扯上关系的穷亲戚们，要不就是农村人在城里打工，要不就是下岗工人，要不就是开三轮的，当然开三轮的也大都是农村人或者下岗工人。

卖掉十张就是两个孩子的压岁钱，过了这么多年，小城里春节给孩子压岁钱的标准一直没涨，还是一人一百。下一辈们纷纷出生了，自己家里要是没有个也能收钱的小孩，过一场年就得送出去上千，这个数目不是不可承受，但是让人痛苦。也有些特别勇敢的人一直不理不顾，爸爸最大的那个哥哥——我叫他“大爷”——一直坚持每年给我二十；以前没有二十面额的时候，就是两张灰黑色的十块。就算是在压岁钱必须上缴的时候这笔钱也归我，买什么都不够，只能买摔炮、魔术弹放掉拉倒。大爷死了好几年，我突然在某一年春节的时候想到他，现在我开始把一张张红色的纸发出去，我没有勇气给出两张十块。

灯会意外地让我老公惊喜，我以为他不过会礼貌地敷衍，逛一圈就出来，但我们足足待了三个小时，到最后我也高兴起来，两个人戴上五块钱一对的绒线兔子耳朵挤在人群里，拍根本看不清楚脸的照片。湖边拍一张，山上拍一张，门口不过是最普通的大红灯笼，我又拍了一张。那天下着小雨，走在彩灯公园里，人人都在踩别人的裤脚，走一会儿就得勉强找到一块人少的地方，把鞋边裤脚上的黄泥抹掉，我的黑色麂皮长靴糊满了泥，但我少见地没有恨这个城市肮脏的冬天。我们不停地拍照，拍青花玲珑碗做成的龙，龙角是雕花花瓶，龙须是小酒盅，龙凤呈祥的凤由无数个最普通的白色烟缸组成，栖息在一棵梧桐树上。茶坊里都用这种烟缸，偶尔打坏了一个也不用客人赔。龙凤腾飞是蚕茧，孔雀开屏是小小的青霉素药瓶，我急切地想找输液瓶扎成的灯组，但是它真的消失了。小时候我相信那些青霉素药瓶真的是用过的，每一次去打针想到它会有这样好的去处，都觉得欣慰。

固定开灯会后没多久，动物园就被撤销了，那些动物也七七八八地死光了。我疑心那只瘦老虎的骨头最后泡在了酒里，但是狮子、土狼、骆驼与长颈鹿不知道是怎样被处理的，那么庞大的身体埋哪里，想起来都让人毛骨悚然。哪里去找人挖那么大的坑，也不能拿去火化，又没人会吃。猴子要是没有死光，倒是可以卖给街头卖艺的人，用一根铁链子锁住脖子，逼着它们翻跟头，拿一个小碗摇摇摆摆走一圈到处要钱。又过了几年，有个外地人承包了一片后山，动物园倒是又修起来了，进园要另外花十块钱买票。这里重新有了一只东北虎和几只大灰狼，还是吃不饱，还是奄奄一息，但看起来没有那么快会变成虎骨酒。让人费解的是有几只鸡，都是公鸡，长相普通，不知道为什么够得上参观的级别。它们大概也有点心虚，只能勤奋地整日咯咯叫着。以前的猴山现在是一个另外收费的鬼城，门口有幅大标语“欢迎来到十八层地狱”。灯会筹备加开放要小半年，这半年里动物园等于不能营业，老板一直亏一直亏，也不知道为什么能和那些动物一起苟延残喘到现在。他大概从来没有去问过为什么开灯会我就不能营业？看灯会的人就不能先过来看看东北虎、美洲豹吗？一切都被严肃地冠名为政府规定，“规定”这个词在小城方言里有个长长的尾音，好像这样能显得更有说服力一些。

我有个叔叔在市玻璃厂上班，厂名后来变成更洋气的川玻集团。他手艺很好，能做出整套精钢刀具，还送给过我们几把烧烤用的长叉子，当然是用单位里免费的钢做的。印刷厂的人往家里拿纸，盐厂的人永远不用买碘盐浴盐泡脚盐，机关事业单位的人都去办公室打电话，这都是小城的律法，不遵守律法的人是瓜娃子脑壳有包，麻将桌上串串香前会被人嘲笑。这些看上去完全像进口产品的叉子我从来没有用过，几次搬家我都看见它们，依然锋利锃亮，可是小城的人烧烤都用竹签，素菜戳一根，排骨鸡翅戳两根。

从九十年代初开始，这个叔叔一直被抽调去做灯，天南地北地跑各地灯会，那个时候能出差的人让我们敬畏，大部分人去过的最远的地方不过是成都，还是坐八小时的火车过去。现在想起来他们不过也是像民工一样奔波干活，很可能住在十人大间里，床单被子都是黏糊糊黑漆漆，睡觉也不敢脱掉外衣。工资虽然照发，但出差的人望的都是补贴，这是按天算钱，跟民工也没有太大区别。民工在小城里是一个根深蒂固的贬义词，男人的衣服稍微褴褛一点，就要被评价为“简直就像民工样”，就像吃饭买单的时候绝对不能把服务员叫“小姐”，越漂亮的越不能叫，虽然人人都知道，小城其实盛产这两个品种，但越盛产越是一种禁忌。

不管怎么说，这点做灯的手艺保护了他。他很早就在厂外的自建房里分了套房子，养着两只肥硕的大白猫，周末去水库钓鱼，用自制的鱼竿，有时候甚至能懵起来一条乌鱼。在似乎所有中年工人都下了岗的时候，他一直有一份工作，安安全全进入了退休年龄，自己的积蓄加上父母一辈子的存款，在小城著名的小区“盐都花园”里买了套复式公寓。他渐渐走向老年，是一个正常得不能再正常的小城退休职工，但我还是抱有多年前对他的那种敬畏，因为他一辈子都没有下过岗。

四

1995年以后，小城里似乎每一个工人都下岗了。贡井盐厂的，新华印刷厂的，镀锌铁丝厂的，地砖厂的，干面厂的。每个单位都据说“搞不起走”。我曾经对这个词充满疑惑，盐帮菜出了名的咸，火锅蘸碟里都要再撒上调味盐，电影院那条街上一排卖肥肠面、鸡杂面，早上永远没有座位，小城吃了这么多的面，从早饭一直吃到宵夜，我一顿只能吃二两，但是干活的人能吃下两个三两，为什么贡井盐厂和桥头那家干面厂还是“搞不起走”？

原因始终不明，但我就是活在下岗工人的汪洋大海里，大海由我的妈妈、我的姨妈姑妈（还不止一个姨妈）、我的姨爹、我的堂姐、我最好朋友的父母……悲悲切切地组成，每一滴水都苦得让人发愁。1995 年堂姐刚好二十岁，技校毕业两年了，她本来可以读高中，但她考了前三名，技校说能免三年学费，又保证分配到镀锌铁丝厂，一辈子都在镀锌铁丝厂当工人的父母都很心动，她也就去了，从一个梳着大辫子的小姑娘变成一个把大辫子盘起来塞进蓝色工作帽里的车工。她总是用车床车点小东西送我，一个葫芦或者两颗子弹，锃亮的纯钢，永远不会生锈。在家家户户都没有热水器的时候，她带我去厂里的浴室洗澡，所有女人都赤身裸体在里面洗衣服，我见识了这么多下垂的乳房和褐色的乳头。她们设备精良地带着搓衣板，水龙头从来没有关过，“公家的水嘛”，人人都这么说。为了多用点公家的水，我们一直要洗到皮肤泛白发皱，走出浴室时一阵眩晕，还好早准备了两颗水果糖。占公家便宜必须成为一种本能，虽然谁也不知道自己是不是被占了更大的便宜。

她下岗整整两年，一个二十岁的姑娘门都很少出，偶尔来我家借一次书，把一摞摞的《中篇小说选刊》和《小说选刊》搬回去。她爱读书，但那时几乎没有自己花钱买过一本书，花钱读书这件事在她的世界里大概是不存在的。我们都喜欢池莉的《致无尽岁月》，我更喜欢方方一点，读了铁凝的《永远有多远》后，我为她感到担心，担心她会成为白大省那样傻乎乎被每一个男人欺负的姑娘。

1997年我爸爸替她找了一个工作，在朋友的电脑公司里当会计。这种工作在小城是没有身份的，叫“帮私人老板”，她在这种没有身份的身份里做了十七年，从一个私人老板那里帮到另外一个私人老板，混迹于和她的车工技术毫无关系的自贡电脑城，每天中午在一堆开肠破肚的电脑设备中吃盒饭，中间开过网吧，自己和父母通宵通宵轮番守着，也就挣了不到两万块钱。去年又是我爸爸想办法让她进自贡市政府当出纳，属于临时工，一个月拿到手的工资不到一千块钱，为了养儿子不得不替一些小公司做账，每天早上穿着高跟鞋走路二十分钟去公交车站，但她绕啊绕啊绕了十七年，总算把一种光明正大的身份绕回了身上。她不再是那个二十岁的下岗工人，现在她在市政府上班了，过年过节会发商场购物卡，还有二十个猪蹄。

更多的下岗工人来自盐厂，贡井盐厂、自流井盐厂、大安盐厂、邓关盐厂。知道小城的人无非因为这三种原因：恐龙化石、彩灯，以及井盐。小城没来过几个名人，更没留下过什么名句，只有陆游在荣县“摄理州事”的时候写过一句“长筒吸井熬雪霜，辘轳咿哑官道傍”。诗写得不好，但也在各种关于自贡的资料里反复出现，一个贫乏的小城看起来不敢忘记一点点与之相关的历史。不过也不一定，小城的市志里没有统计三年大饥荒死去多少人，“文革”这个词只在写几个人物时一笔而过，但倒是牢牢记得陆游这句诗。那是1174年，还要等七百年才有阮家坝山下的燊海井。这口自贡最著名的井现在还在运转，据说是跟当年一样用牛汲卤，用井里产的低压天然气熬盐，领导们来视察总要去看看。2003年胡锦涛去过，那个时候下岗的盐厂职工差不多也安置完了，让领导来赞美一下历史也不显得心虚，何况那的确是一口美丽的盐井。从道光年间到现在一百五十年都过去了，我爷爷的大鱼缸都在“文革”时被搬到了镇上的派出所，至今没有发回来，每次经过派出所，爸爸就要愤愤不平地说：那是我们家的！但是“我们家的”什么都失去了，又怎么能斤斤计较这一个鱼缸？“别人家的”也是什么都失去了，你怎么好意思只是计较“我们家的”一个鱼缸？而在这一切都被偷窃和撕裂的时间里，这口井倒是完好无损地保存下来，这好歹算是一个值得赞美的奇迹。

今年夏天回家，我们去了一次燊海井，一人花二十块钱买了门票。下着小雨，天色微暗，新买的莱卡相机把一切拍成了昏黄色。那口井上的杉木架子一直升到天上去，用天然气熬盐的圆锅有腾腾的热气，两个熬盐工人穿着汗衫短裤拖鞋坐在藤椅上刷手机，一人手边有一个茶缸子。我有点欣慰，因为他们是没有下岗的盐厂工人。

“安置”这个词小城人是不用的，我们都用“买断”，“安置”好像还暗示着一个希望，“买断”不过是一个价格。盐厂职工的统一“买断”价大家都能背出来：13950块。拿了这笔钱意味着你正式同意官方抹去你的一切，职位、工龄以及未来。五姨妈来找亲戚们商量，到底要不要买断呢？没下岗的时候她的工资也没有超过二百块，把六年的工资一次性拿到手里好像也是一种难得的安全感。但姐姐妹妹都劝她不拿，因为姐姐妹妹们也都下了岗，同仇敌忾让彼此都放心，于是大家都不拿，都不肯“买断”。

隔三差五的有人组织下岗工人们去区政府前面静坐，大家都闲得发慌，也都嘻嘻哈哈地去了，女人们坐在政府门口打毛线，有人带去自己炒的南瓜子，走的时候一地都是沾满口水的瓜子壳。南瓜子不好剥出肉来，大都是嚼碎了又吐出来，一片狼藉的残渣。没人真的以为这种静坐能有什么用，但大家都才四十岁上下，日子那么长，总要有个盼头把这无穷无尽的时间打发掉。最后大部分的人还是买断了，因为只有紧紧握在手里的东西才让人放心。贡井盐厂破产后“安置”了六千多人，他们拿着这13950块钱，也不知道去了哪里，可能做了点小生意，也可能打各种各样的工，大家都“帮私人老板”去了，因为国家这个老板是帮不到了。

十几年没有一分钱工资收入，谁也说不清日子是怎么过来的，反正也都过来了，过年还是盆盆盏盏一桌子菜，腊肉香肠还是几十斤几十斤地做好了挂在屋子里。也都打麻将，只是从十块钱三张的底变成打一块钱以及三番封顶，几十块钱的输赢在同一个圈子里兜兜转转，最后大家都是总平手，只是把日子成功地混过去了。五姨妈下岗后没多久就离了婚，一个人在镇上租了间平房。小时候我以少女的浪漫主义喜欢那间房子，因为门前有几株夹竹桃，院子里还有矮矮的石桌石凳，清明上完坟我们聚在那里吃蒿草做成的粑，馅儿是豆腐冬笋肉丁。但我不知道那里一到下雨就得满屋子摆上脸盆接水，最近的一个公共厕所也要走七八分钟，还经常停电，她连蜡烛都不舍得点，七点就上床睡觉。

后来我们买了新房，把旧房子腾给她住，就是以前和宣传部副部长同一栋楼里的那套。她终于搬回了城里，在多次相亲后又找了个男人，是在城里“帮私人老板”的农村人。他们一直没有领证，一起搬进了我们那套三十平方米的一室一厅，把阳台和客厅打通之后，房子倒也显得敞亮，只是还是不怎么敢开门，因为化粪池总是外溢，几天都没有工人来修。小城里不领证的多得很，谁也没有不把他们当夫妻，只是互相叫上老公老婆跟一瞬间拆伙一样轻易。大表哥三十岁前就离了好几次婚，具体几次不详，因为后来大家都不问了，这件事发生得过于频繁，导致每个人都失去了好奇心。

五姨妈和那个男人卖过一段时间各种蔬菜，每天早上四点起床去市场上“打菜”，打回来后两个姐姐帮她剥毛豆，剥好的毛豆一斤可以卖三块钱，剥到长长的指甲全部断开，生意好的时候她一天能挣到十几块钱，要是一天挣不到十块钱，她就要开始抹泪，精神压力太大。后来不卖菜了，她开始去饭店里洗碗，洗了几天又回来了，吃不了那个苦，一天要站十几个小时，她毕竟是家里的幺女，小时候受过饿，但是没有受过累。

2005 年过后，这一批下岗职工大都开始领养老金，都是补缴了一两万块的养老保险，然后每个月能在卡上查到钱了。一开始每个月发六七百，远远超过他们最后一次拿到的工资，他们终于从下岗工人变成退休工人。这是一个对比之下更让人骄傲的身份，要是家里双方都是退休工人，孩子找对象都会稍微容易一点，因为都知道他们能养活自己，这叫“没有负担”。

五姨妈本来年龄没有到，但是跟大家一样，托人做了些假材料，说她以前在盐厂是熬盐工，这是特繁工种，能提前五年退休。她总算成为家里最后一个拿到退休工资的下岗工人，重新开始大声说话。至于那次作假，过了两年，我们听说劳动局退休管理科的科长被抓了，判了六年。无论如何，我赞许她在失去一切后终于占了一次国家的便宜，就像走在路上被人抢了包，她奋力追啊追啊，总算把包里的一个鸡蛋糕抢回来了。

去年我回家，她把那套曾经属于我们的房子重新装修了，阳台那里开了个后门，用白瓷砖铺成两级台阶，台阶旁有同样镶嵌着白瓷砖的水泥桌子、水泥凳子，她想得周全，以后来了客人可以坐在这里斗地主。吃过晚饭后，我们坐在台阶上聊天，晚风吹过邻居种的丝瓜与四季豆，又吹过一屋子曾经的下岗工人、现在的退休工人，大家都觉得凉快，大家都熬出了头，人人都抢回了属于自己的那个鸡蛋糕。

五

那一轮下岗浪潮当然也把小城里的三线企业覆盖了。三线企业职工是小城里一个奇妙的存在，虽然小城本地人并不能说清楚它到底是怎么回事，只能糊糊涂涂概括成：那些北京人，那些上海人。即使迁来小城超过四十年，三线企业里的工人们依然被如此定义：那些上海人，那些北京人。不能说小城排外，他们自己也喜欢这样的生疏感，他们并不想进入我们，不想被称为，那些自贡人。

好几年前我还在广州工作，和当时的男朋友去看王小帅的电影《青红》。开场前我们远远看到高圆圆，穿着一条非常简单的白色短裙，脚上是一双匡威，男朋友发了一会儿呆，说："你看高圆圆的小腿。"王小帅站在高圆圆边上，显得就是一个可悲的胖子。我记得王胖子在开映之前大手一挥说："青红是个悲剧，很有力量。"看完这部和三线建设有关的电影后我想，悲剧我看到了，但是力量在哪里？好像急着告诉大家这是一个悲剧这是一个悲剧的时候，它就只留下了软弱的抒情。

1964 年 8 月 2 号，美国驱逐舰马克多斯号和越南海军鱼雷舰打了一仗，波及了中国南部沿海。过了半个月，毛泽东就在中共中央书记处会议上说：帝国主义要发动侵略战争啦，我们要赶紧备战啊，赶紧把集中在大城市和沿海地区的企业迁到内地去啊。他当然永远是一言九鼎一呼万应，所以自贡就有了第一个三线企业：高压阀门厂试点，后来名单飞速地越拉越长，硬质合金厂、可锻铸铁厂、东方锅炉厂、拉丝制钉厂、油毡厂……那个时候说服一个北京人迁到自贡的平均时间是六分钟，然后第二天打包，第三天走人，戴着小红花坐几十个小时的火车来到小城。有着漂亮小腿的青红坐在他们中间，连炊事员都跟着来了，好像将要到达的这个小城蒸不出一屉合格的包子。不过，一直到现在都有人说，三线厂里的面食就是做得好。在小城的冬天里，他们中有人为了买几棵大白菜，从贡井一直步行走到自流井的源渊井市场，那是一条曲曲折折的路，上坡又下坡，好几次似乎走到了农村，路边是一堆堆无人处理的垃圾。我想象他们抱着大白菜，走在小城阴沉沉的冬天里的样子，那棵白菜大概会闪光。但我也担心那棵菜的命运，小城这样潮湿，它可能很快就烂了心，一棵北方的大白菜不会喜欢南方的冬天。

上高中以后，同学里开始出现那些神秘的三线子弟，因为他们厂里的子弟学校只开到初中，就像那些倔强着想自己流到海里的小溪，最后还是迫于形势或者说高考政策，不情不愿地跟我们这些说着方言的主流汇合。我疑心他们其实也会说小城话，但不怎么肯说。北京人说着北京话，每个尾音都拖得老长，我们想笑又不敢笑，毕竟把氯气读成“录气”一定是我们的错。上海人和上海人说着上海话，软软糯糯的每句话都似乎在表白。上海人和我们说话的时候就说普通话，很容易带出“的呢”的后缀，连询问立体几何到底怎么添加辅助线都像在撒娇。

到了高三，我们都焦虑着选择志向，在城市和城市之间犹豫不决，连打算留在四川的人都要为去成都还是重庆纠结。我的志愿甚至只填了三所：南京大学、武汉大学、重庆大学，因为我一心要去一个有长江的城市。但“青红”们的未来显得极为目的明确：北京人要回北京去，上海人要回上海去，大学没有城市重要，什么都没有回家重要。虽然我不知道他们怎么回家，北京上海也没有房子，难道真的跟爷爷奶奶或者舅舅姑妈挤在亭子间里吗？

高三的时候有个同学回上海去高考，她家里不知道用了怎样复杂的手段，把她的户口迁了回去，她要暂时住在亲戚家几个月，然后高考，然后读大学一直到毕业，然后找工作，然后才是等父母退休后回到上海，把全家人的钱凑到一起来买房子，一条漫长的路，但他们有着惊人的耐心，等了快四十年的人没有在乎这多出来的十年。

她走之前全班去杪椤谷玩了一天送她，那是个胖乎乎戴眼镜的小姑娘，我们在山谷里烧烤，在水边打一毛钱底的麻将，最后大家都真真假假地哭了，送她几样桥头精品店里买的礼物，似乎是一个音乐盒，还有一个笔记本，一人凑了二十几块钱，这在当时是我半个月的零花钱。后来我完全不知道她的消息，只有毕业后几次看到上海房价的新闻时想到她，默默为她担心。郊区都涨到了两万一平方米，她买得起房子吗？不过他们可以住得远一点，再远一点，只要是在上海，反正无论如何远不过小城。很多年后我在中学同学的微信群里重新遇到她，朋友圈里她总是发一些吃吃喝喝的照片。她现在戴隐形眼镜，以前的圆脸依然圆，但固执地瘦出一个尖下巴，像每个上海女孩那样化妆，眉毛拔得很细，我偶尔去点个赞，更多时候，我觉得自己并不认识她。

“他们”中的有一个喜欢过我，总是塞给我他奶奶做的上海粽子，一个大概有半斤，里面有一块硕大的五花肉，肥肉部分融化开，浸透了每一颗米。这种粽子我每吃一个就要腻上大半天，但我还是想吃，因为都说那是上海人吃的。有时候我会去他家玩，他家住在空压厂的宿舍里，是当时看起来很气派的两室一厅。他的房间里有各种各样的《红楼梦》续本，我一本本借回去，每一本最后都是宝玉和黛玉结了婚。读一本接近五百页的书，就是为了看一个这样庸俗的好结局。

他们家大概有点钱，在他高考前就先在上海买好了房子，早早就撤了回去。他成绩很好，考进了同济大学化学系，一开始给我写过两封信，我再也没有见过他，因为他没有理由再回到这座小城。我觉得他们就像那些粗制滥造的《红楼梦》续本，前面是漫长乏味的五百页铺垫，但最后好歹看起来有一个庸俗的好结局。

这篇文章第一次出现在我的书《小城故事》里，出版后他在博客上给我留言，他认出了自己在书里的样子。那些我以为已经忘记的细节突然又来找到我，比如隐隐约约中，我知道他和我们另外一个同学谈过一段莫名开始又莫名结束的恋爱，除此之外，他和很多人一样，不过是在我的世界里失散了，就像我在别人的世界里同样也消失得如此彻底。有时候想起他给我写过的那两封信，却怎么努力也回想不起哪怕一个小小的句子。记忆属于更远的地方，比如十五六岁的时候，我不爱睡午觉，总是早早到学校去，他中午在学校吃饭，我们不同班，我却总去找他说说话，他给我讲两道我不见得做不出来的化学题，我给他说我正在写什么小说看什么电视剧。再比如有一年我生日，他送过来好大一束红色玫瑰，我拿着那束花翻来覆去地想：这得多少钱啊，他妈知道了会不会揍他啊？

写书的时候我当然也想起他，去搜了搜他那个很难撞车的名字，然后找到一篇名为“比阿培南的合成研究”的论文。我甚至找到了他在论文上的签名，看着那个极其熟悉的签名方式，最后一划绕出一个优美的弧形。在纽约的下午，我突然一个人笑出声来，好像隔着论文中那些我丝毫不能理解的苯环套苯环，我终于接上了我并没有想断开却不知道如何续起的过去，因为我们都离开了小城，人生再无可能真正相聚。

同样是离开小城，有些人是结束流亡，有些人是开始流亡。我的中学同学们散落在各种大小不一的城市里，北京、上海、深圳、广州、芝加哥、巴黎，最起码也是在成都和重庆，留在小城的没有超过百分之十，好像留在那儿意味着某种预设前提的失败。

我领结婚证那天因为户口问题遇到一点小麻烦，辗转几个朋友找到民政局副局长帮忙，这是生活在小城最让人慰藉的部分，任何事情辗转几个人后总能找到几个人，外公的主治医师可能小时候跟我们生活在同一个小镇，我前前男友的妈妈是医院副书记，姐姐和儿子的班主任多聊两句，发现班主任的老公曾经是我爸的学生，连被狗咬了之后去打狂犬疫苗，防疫站站长都是多少年前的老熟人。不像我们身在北京，生活了这么些年，缴过这么多税，谁跟我们都没有太大关系。离开小城太久，让我觉得“关系”这个词其实带着暖意。

婚姻登记处里狭小黑暗，我和打扮端庄的民政局副局长互相打量了五分钟，才认出来我们是中学同学，不仅是同学，还曾是一个小圈子里的好朋友。那个小圈子有四个人，去了天南地北的大学，又留在天南地北的城市工作：我先在广州待了三年又去了北京。有个姑娘在成都读完本科去重庆读研究生，后来一直在深圳移动做法律顾问，我们最后一次见面是在 2010 年，我去深圳出差，她带着当时的男朋友来请我吃台湾菜，后来她一个人送我到宾馆，我们在一家很破的如家快捷酒店里聊了一个小时，女人们聚在一起也就是聊各自的男友。后来我们都和当时的男友分了手，我很快结了婚，她依然一次次忙着相亲，再后来，我们很少有联系。另外一个姑娘倒是一直在北京，在北大读完研究生后当了法官，我们一东一西地住着，中间隔了一条那样长的长安街，并没有时常见面。我们四个人很久没有在小城里会合过，因为离开的三个人都神出鬼没地回家，我并不知道我们中的一个成为了民政局副局长。

办完证后我问她“最近怎么样”，没有比这更空洞的关切了，但我的确搜寻不到另外一个勉强可以一来一往的话题，还好回答同样空洞：她结了婚，老公也是公务员，他们在汇东一个新小区里买了带电梯的公寓（在小城里，电梯公寓意味着生活上了某种档次），她生了儿子，儿子很乖，但是带起来很累。五分钟就讲完了我们中间横隔的这些时间，但我们更多的是被城市的缝隙横隔着。

把我们说成流亡似乎又像是矫情，好像亏待了如此沉重的词语，小城里有那么多真正配得上这个词的人。我们几乎要忘记，五姨妈在下岗后还去过一次山西，坐了二十几个小时的火车硬座，因为男人的村里有亲戚从山西回来，说那里有矿，能找到钱，两个在小城里完全找不到钱的中年人就跟着包工头去了。两三个月打过几次语焉不详的电话回来，后来我们汇了点钱过去，有钱买票人也就回来了，中间的故事还是语焉不详，只断断续续听她在牌桌和饭桌上漏出来两句，比如指甲里的煤渣怎么都洗不干净，比如睡觉的床其实就铺在地上，非常乏味的讲述，出去打工的人难道不是个个如此？

有个叫郑小琼的南充姑娘在东莞打工，五年中没有人叫过她的名字，因为她是“喂，245”，她像千与千寻一样在寻找自己的名字，只是她的方式是写诗，在下班后疲惫不堪的夜晚，趴在八人宿舍的钢架床上写，一直写到拿了人民文学奖，所有诗都是关于机器、铁、钉、流水线和出租屋："……黑色的锁，金黄色的方便面、碗、盆，一截清洗干净的葱——这生活仅剩下的绿意。"五姨妈不会写诗，她只会说：指甲黑了好久才白回来。但五姨妈到底讲得不多，我想她并不喜欢在本来就不顺畅的人生中，插播进这个更加不顺畅的故事，她不希望自己被印上"下岗工人"的印章这么多年，现在还要因为这三个月印上另外一个印章——民工。

远房亲戚里有个小姑娘，从小被外公外婆带大，没人知道她爸爸是谁，其实我连她妈妈都没有见过。因为关系扯得太远，偶尔几家人能聚在一起，又总是在她没有回家的时候，人人都含糊不清地说她"在广州打工"。打什么工没有人去追问，因为人人心里都清楚答案。小姑娘长得很漂亮，可以想象她有个也是大眼睛长睫毛白皮肤的妈妈，我一直渴望着在那些少之又少的大家庭聚会中见到她，既出于一种可鄙的好奇心，又出于一种羞于说出口的温柔。我想见见她，那个流亡多年的姑娘，那个可能已经不能称为姑娘的姑娘，那个被大家悄悄地称为"小姐"的姑娘。

六

我的小城似乎已经在多年摇摆不定后安稳下来，身边每个人都有了一份工资，拿着多不多少不少总之能把日子混下去的钱。这份工资沉淀了曾经被各种来路不明的贫穷搅浑的釜溪河水，让人尴尬的不堪留在河底，没人再有兴趣捞一勺起来审视过往。大表哥前几年都在开黑车，被抓了好几次，每次罚款六千，罚一次全家人就要跟着提心吊胆几个月。他一天十几个小时地在路上跑，一直跑到把这六千赚回来，然后接着在下一次罚款交出另外一个六千。现在他不跑了，在帮卖保健品的三姨妈打杂，既帮忙开车运货，偶尔也要口若悬河地劝大妈大爷们买七千多一个的水疗床垫，姨妈每个月发给他两千。他又离了婚，这一次婚姻留下了一个女儿，他如珠似宝地爱着，现在他是一个有能力爱女儿的男人，而不是一个随时会被拘留十五天的黑车司机。那个小姑娘惊奇地被人发现运动天赋不错，先是练体操，然后进了市少年跳水队，免费读小城里最好的小学。她缺了三颗牙，晒得漆黑，我既担心她和绝大部分运动员一样被这个无情的体制潦草抛弃，又不想放过一点希望憧憬她可能会是下一个高敏。

表妹从一个在商场里卖玉兰油的售货员变成一个卖真皮女包的售货员，她也离了婚，儿子跟着她，她又找了个做小生意的男人，没有什么钱，却也能活下去。他们先是住在家里，后来因为老是回家太晚又被赶了出去。去年夏天我回到小城，有一个晚上在烧烤摊上遇到她，和另外一个胖墩墩的女朋友一起，面前只有几串蔬菜，却一人叫了瓶啤酒。夜风还是有点燥热，我看着她慢慢把那瓶啤酒喝完。

人人都在酝酿一种看起来充满希望的新生活，不管新生活是一套房子还是一份新工作。小城的房价几年里涨了好几倍，大家也都在茶余饭后抱怨，却不像在北京的人抱怨得那样真切，毕竟人人也都有了房子。2010 年我把自己在北京的那套小房子卖了，转手就在小城里买了一套电梯公寓。买那套房子之前我只看过户型图，买之后也就去看过一次，采光不是太好，黑糊糊的水泥地上不知道哪个工人拉了一坨屎，爸爸妈妈安慰我说，这是好兆头，要招财的。我一直没有发财，却一直留着那套房子，不肯租出去，总价涨了快十万却也没有卖掉。前两年我甚至把自己的户口从广州迁回父母家，因为我一直想象着自己回到小城的那一天。我零零散散地做着这些事情，也许做多了，这件事也就成真了。

小城的街道永远狭仄肮脏，行走着那些的确幸福的人们，他们有工资有保险有房子，没有人可以想象出人生还有什么别的可能。每个人都会说钱越多越好，但好像也没有人真的有动力拼着命找钱。以前他们还炒股，十几年前有入市限额的时候，几家人凑出一个账户，一人几千地投进去，没空就去股市里看看，就跟当年去区政府门口静坐一样，打毛线的打毛线，嗑瓜子的嗑瓜子，那些在屏幕上闪动的数字给人无限希望。股票当然曾经涨上去过，但钱并没有提出来，滚了滚又入了市，倒是为了庆祝，额外多吃了好几顿羊肉汤。股市从六千点跌到两千点也没有在小城里造成多大波澜，股市依旧是去的，就像大家吃过晚饭都去河边散步。反正那笔钱大家都忘了，只要不卖，就算不上亏。我知道有一天如果它们涨回了原位，小城的人会欢天喜地又去吃一顿羊肉汤，反正没人算得出中间流逝的时间，更没人算得出通货膨胀，只要数字回归了原位，人人都能找到安慰自己的方式，在任何被侮辱与被损害的故事里，他们总能找到一条路通向安慰。

我试图讲出那些不可安慰的故事，但这不过是一个太容易被虚妄安慰的小城，就像一圈一直输一直输的麻将，它总能想象着自己会有转手和一个三番的时候，却不知道牌局已经走向终点。那些输出去的筹码，早已被时间兑换为现金，永远不可翻盘。

横向

一、印度美女作家的布克奖成名作

二、升旗仪式

三、美国人目前最怕的三样东西之一

四、威尼斯人

五、然后菩萨给了个 U 盘

六、世界最大岛屿

七、勇于面对真我的绿茶

八、杀人于无声的交通工具

纵向

1. 童话大王

2. “命运就算颠沛流离”

3. 大卫·霍克尼画中常见

4.《圣经》中的长征

5. 一种中西结合的运动

6. 心中的日月就是它

7. 一个贵妇去第三世界旅行惊呆了

世界上的人分为两种，
会勾搭的和不会勾搭的。

加西亚 · 马尔克斯

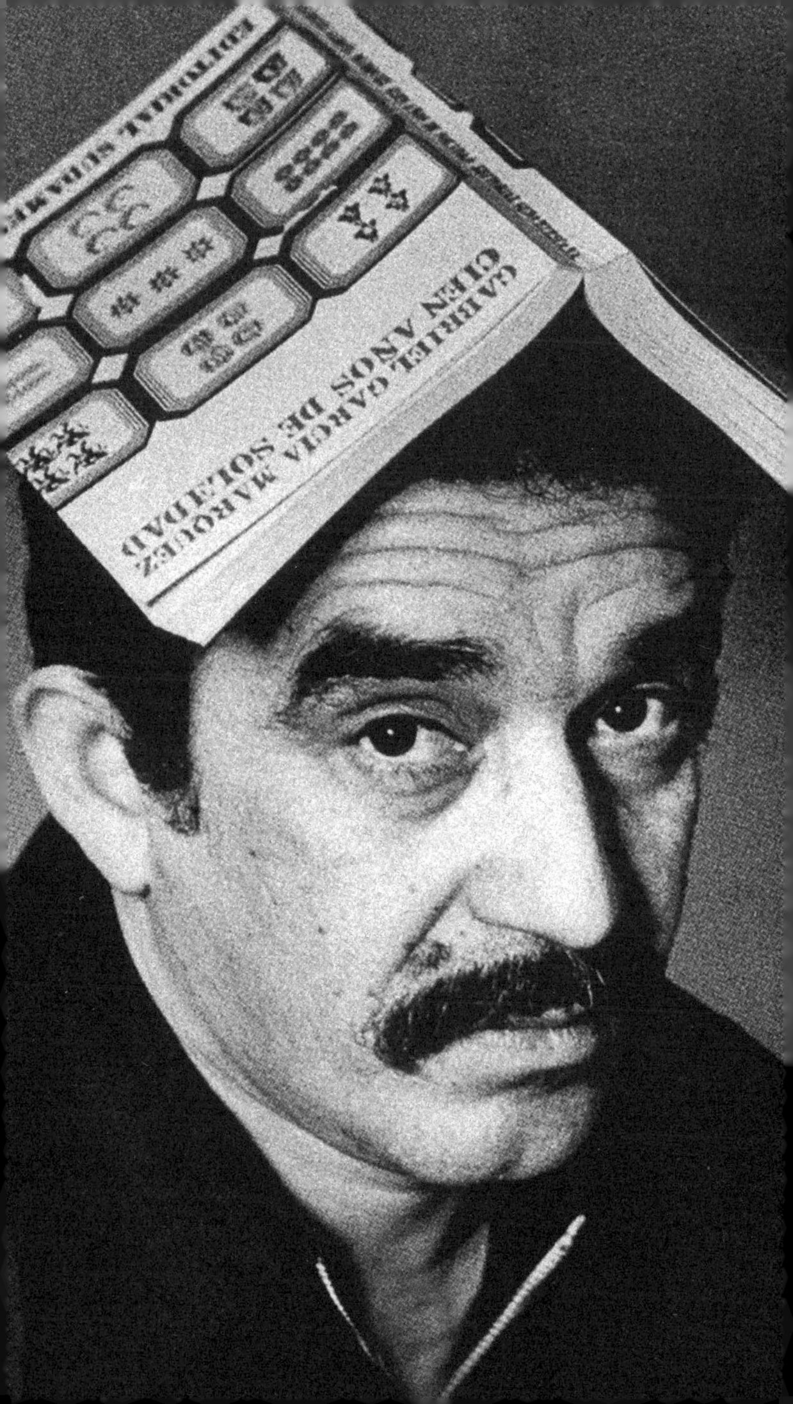
GABRIEL GARCIA MARQUEZ
CIEN AÑOS DE SOLEDAD

随笔

149 蝙蝠人之城
于威

157 失踪的父亲
庄秋水

175 先知
邹波

193 关于性别的联想
科迪莉亚 · 法恩

209 雅典之爱
张宇凌

蝙蝠人的一生，最终都会了结为一张记忆的地图，经历和足迹交织成大街小巷，上面还摞着密密麻麻的红房子和白房子。仔细看，总能找到似乎标记了什么的小箭头，箭头下面那个地方，藏着蝙蝠人的前世今生。

蝙蝠人之城

撰文 于威

得空瞅一眼这座城时，总是会想到余华。不是现在的余华，而是在那个绝望的小镇当绝望的牙医时的余华。他看着那些不可救药的口腔时的状态，和我看这座城的状态一定是一样的，不光要忍受丑陋和扭曲，还要忍受能把头盖骨击碎的腥臭的口气。

而这座城，住了三十多年，每次因为嫌弃和厌恶逃走后，又像毒瘾发作般急着回来。

情窦开脑洞没开的时候，暗恋过一个男生，结果被他用毫无察觉抛弃了。撑过那段难熬的时间，靠的是这样一个空想桥段：他毫无察觉地即将被一辆飞驰的汽车撞上，在最后一秒，是我推开了他……这个白日梦解释了我和这座城的关系：它是哥谭市，我是蝙蝠侠。蝙蝠侠没变身之前也不过是个普通的蝙蝠人，离人世间壮丽的词汇都很遥远。

一、民族饭店

1995年，遍地都是开公司的，民族饭店里我待过的这家骗子公司还显得高级一点。

两个姑娘，一个是我大领导，另一个是我二领导。反正我那时候肯定土死了，都没去过燕莎，她俩都不太舍得拿正眼看我。我们这家证券咨询公司，开展的是海外上市培训业务，就是从挂靠的某国家级大通讯社内部阅览室里把港台报纸借出来复印，把任何和上市有关的图文剪下来，拼贴成一份“内参“，几千块钱一份，卖给当年的土豪。俩姑娘负责土豪，我负责复印。

老天真是把机会留给有准备的人，某天传真机吐出份英文的，这家特洋气的公司，能识洋码子的还真就只有我一个。我的工作性质发生了突变，从复印港台报刊跃进到复印英美报刊，那年头能看到《财富》《福布斯》的真身，很牛的。

大领导以前是开电梯的，因为长得特别美，嘴也特别甜，被老板相中，做了总助。大领导喜欢穿明黄和玫红的套装，唇红齿白地每天都要告诫我，女孩子不能靠男人，要靠自己的能力和本事。后来大领导不小心爱上了一个有家室的官人，官人也是真爱，弄了一笔钱把大领导送到美国读书去了。

二领导是大杂院里长出来的一朵花，每个白天都病恹恹的，娇弱得让人忍不住把她的活都干了。太阳一落山，病就好了，亚马孙女战士般征战于各个场子，目标特别明确——首选傍个老外，次选傍个大款。傍老外除了身体语言，好歹要会点英文，所以二领导对我特别好，我教她几句英语，就能换来一大堆让人馋得流口水的纸醉金迷风花雪月的故事。二领导运气不是很好，首选次选都没成功，只得回过头来改造一直默默守候的男友，逼他辞了公职，轰到南方去发财。几年后在一个商场里偶遇二领导，鱼尾纹都长到鬓角里了。她说她终于过上了有房有车的生活，当年的男友现在的老公把钱挣到了，但也留在南方不回来了。二领导跟公公婆婆关系处得紧张，熬不过时就在车里凑合一夜（啊啊啊，曹七巧侬不要乱入啊）。

二、八角

地铁票还是两毛钱一张的时候，石景山有个八角，八角有一幢居民楼，楼里有一套朋友的一室一厅。朋友对混得付不起房租的我说，你先在这里落个脚吧。

一落就是半年。那是个空房子，除了一张小方桌和几把椅子，没有其他家具，吃饭之外所有的活动都是席地进行。晚上，总会聚集若干热爱戏剧的文青、热爱诗歌的文青、热爱电影的文青、热爱写作的文青，配啤酒的可不是炸鸡，是榨菜。

已经快五十岁的老牌文青老 K，带着老婆和两个孩子也来落脚了。老 K 出身于西安的大户人家，除了有才，别无一技之长。大学快毕业的时候，为了准备论文，他给远在苏联的帕斯捷尔纳克写了一封信，这封信还没出境就被截获，那可是上世纪五十年代哦。再一结合老 K 不争气的出身,好了，学也别念了，直接去农村改造吧。若不是善良淳朴还大字不识一个的陕北妹子秀秀的出现，公子老 K 只能直接饿死了。秀秀妹子为了给老 K 换点粮食，粗麻绳往肩上一背，拉着装满土豆的手推车几十里就出去了，老 K 一感动就把秀秀娶了。是咸鱼总有翻身的时候，老 K 终于等到政策落实的一天，回到省城的大学当上了教授。老 K 的学术成果传到海外，被美国一所著名的大学看上了，为他全家争取到了移民资格。老K这次携妻将雏来八角，就是要办移民手续。

那两个星期，八角的文青们可开了眼界。同样一坨面，秀秀大姐能弄十几个花色出来。被喂得美美的文青们感慨着落难公子和田螺姑娘的爱情，秀秀听不下去了，用和面皮子一样筋道的陕西话说，老K才不是什么好东西呢，回到西安就骚情了，晚上老出去会女学生。我就把他的自行车车胎给扎了，他去补好了，我再给它扎了。

老K一家顺利走了，八角没那么热闹了，渐渐地，文青们聊生计的时间也多过了聊话剧。老K因为没有研究生学历，在美国的大学不能当教授，只做了个教中文的助教，秀秀在当地一家工厂的流水线上打着一份工。十几年后，我在《纽约书评》上看到他出了本新书，悄悄高兴了一下。

三、大山子

大姑姑是北京最后一批知青，不清楚是因为那时候全国各地的农村都被挤爆了，还是广阔天地都盼着知识青年不作为，反正只有北京郊区的大山子可以去。小时候常听大人们嘀咕，大姑姑真不该嫁给大山子的农民，还生了仨孩子，连孩子都是大山子的了。孩子多，日子过不下去，难免需要城里的娘家接济一下。那会儿地主家都没有余粮，张口要钱，得多难。

我一岁的时候，被爸妈裹在被袱卷里从大庆送到了大姑姑家，每个月十块钱的生活费，一直长到五岁。我妈后来跟我解释，不是他们心狠，而是油田的条件实在太艰苦，怕把我养死了。我不负众望地活了下来，亲眼见证了沧海变桑田，桑田变楼田，大望京拔地而起。大姑姑的三个孩子因为他们的农村户口都发了大财，而大山子自打接了798这位客官后，也得瑟到张口闭口都要提提艺术。

四、东华门万庆巷3号

那儿离推出午门斩首的午门特别近。那时候，奶奶还在，和二姑姑一家住在这里。逢大节，她被发散到全国各地的三个儿子，会携家带口回到东华门万庆巷3号看她。

3号是私产，一个规矩的四合院，天井里长着两棵不知多大岁数的树，一棵是槐，一棵是椿，还有一架每到夏天都满满当当的葡萄。“文革”的时候搬进来很多工人阶级，二姑姑虽然偶有抱怨，其实倒也相处融融，小孩子可以去随便一家蹭饭。

1975年后，因为父亲身体的关系，我们全家从大庆搬到了廊坊，回北京变得容易多了。假如有天堂，那里便是我的。早上被奶奶叫起来，从巷子口买回来的油饼和豆浆在八仙桌上冒着腾腾热气。房顶那么高，不知道怎么才能爬上去。青砖的地面永远一尘不染，即便是这样，有洁癖的二姑姑还是不允许我坐在地上。

最好的当然还是夏季的院子和胡同，树上有知了，葡萄叶子包着绿色的大豆虫，灰墙上爬着蜗牛，天上窜着蜻蜓，孩子们有一千种祸害它们的法子。运气好的时候，还能在离家几步路的护城河里看到漂上来的死鱼。

一个裹着小脚的老太太，独自住在院子西侧的一间厢房。那间屋子总是黑黢黢的，似乎永无光亮。小孩子都说老太太是个妖婆，一个必选的游戏就是比赛看谁在她家窗户下蹲的时间最长。傍晚的时候，门就会打开，老太太捧着一个大盆子出来，一天中最耀眼的奇迹随即发生——二三十只猫突然从屋脊、墙头、蜂窝煤堆中间、花盆后面飞出来，用各种各样的招式抢食吃，而传说中的老妖婆脸上的表情只能用“萌萌哒”来形容。

这个院子里最好看的女人就是我的二姑姑，万民同款的衣服让她一穿，配上天然卷曲的头发，就有了反特片里女特务的贵气。二姑姑是个特别矫情的人，按现在的说法肯定是个处女座：衣服要挂好，鞋子上不能沾土，坐得有坐相，姑娘要有个姑娘的样儿。我挺怕她的，但眼睛又忍不住老是随着她转。没有二姑姑，我可能一辈子都意识不到自己的女性身份，有限的条件下还能追求无限的讲究，不是谁都能做到的。

我上大一那年，二姑姑得了不治之症，三个月后就没了。我从学校赶回来见了她最后一面。二姑姑摩挲着我，说孩子里她最喜欢我，因为我爱看书。

奶奶走了，二姑姑走了，没有什么理由再去东华门万庆巷3号，北京的这个家渐渐散了。一别经年，有一次去南池子办事，突然想再看一眼，溜达过去，已然了无踪迹。

皇城根下的这片院子，原本说不拆的，还是拆了。

蝙蝠人的一生，最终都会了结为一张记忆的地图，经历和足迹交织成大街小巷，上面还摞着密密麻麻的红房子和白房子。仔细看，总能找到似乎标记了什么的小箭头，箭头下面那个地方，藏着蝙蝠人的前世今生。

哥谭市越来越丑，邪恶和贪婪把空气弄得更臭。蝙蝠人不能自拔地沦陷于和哥谭市的虐恋中，偶尔还是会想起那个关于蝙蝠侠的白日梦。

人性的恶一旦释放，经百多年熔铸，便成为公众情感的DNA，一旦时机成熟，便会支配彷徨四顾中的大多数，成为鼓荡人心的时潮。

失踪的父亲

撰文 庄秋水

号称盛世的康雍乾三代文字狱盛行。一方面，在文字罪人的恐慑之下，帝国的高级知识分子战战兢兢，唯恐留有口实。另一方面，地方官员在办理文字案时，又唯恐不够严厉，以致自身牵涉其中，一旦有违圣心，不止顶上花翎不保，且有性命之虞。然而此种非常规治理手段却带来了极为恶劣的影响。掌国者顾盼自雄，贱视文人，以残酷和蛮横压制血性和士风，逐渐剥落了朝野读书人的内在动力——他们久受儒学浸润，以天下家国为精神感召。虽一时维稳有方，然长期来看，文网严密造成了民族在精神上的矮化，既令帝国的人物、学术日趋委靡，其历史因果还报应在了中国人的子孙后代身上。

若言文字狱惨祸的直接后果，则是由那些案中人担承。他们的生命和动机被埋葬在为人所遗忘的黑暗里。他们及其子孙，或身首异处，或侥幸偷生，或流落边地，其命运之悲惨，心理之挣扎，几百载之后，仍令人为之唏嘘。

一、失踪的父亲

整整三十九年了，身在海宁袁花祝姓夫家生活多年的陆莘行，仍不晓得父亲是生是死。如今，她已进入中年，如果父亲陆圻在世的话，已是九十四岁高龄。父亲不曾目睹她长成一位娉婷少女，嫁人生子，而她亦无缘承欢膝下。她自问，人生之惨，有如是乎？这位从小被目为才女的女子，在这一年，康熙四十六年（1707），决心记述父亲一生中最为惨痛的经历，为失踪于他乡的父亲留下一段记录。

1663年的正月十九，七岁的陆莘行随同母亲兄长，按照惯例，在祭祀之后，收拾新年家里悬挂的神像。在陆的回忆中，那些画像皆是一副愁苦之状。事实上，那不过是陆家人彼时的心情写照。父亲陆圻没有和家人一起过年，他上一年十一月十五被抓走后，关在钱塘县监狱。他被牵连到一桩文字狱中，但此时他们皆未曾逆料到此案牵涉广泛，十数家为之人亡家破。

事情源于湖州南浔镇富户庄廷鑨续修明史。这位青年才俊从他的同乡、明代史家朱国桢后人手里，买到了朱未曾完工的《史概》逸本二十卷。宋元以来，汉族士人“国可亡，史不可亡”的观念很深，如今明室江山已落入异族之手，如何保全故国历史，是不少遗民们的宏愿。庄廷鑨得到朱氏遗稿之后，觉得时机已到，发愿要完成这部皇明信史。庄家是湖州大户，家境殷实，于是他延请当地文人士子共襄盛举。

为了完成这部史学著作，庄廷鑨可谓呕心沥血。他和几个知己朋友日夜琢磨，搜集参考书籍。大概是熬夜太多，他的视力受损，不得不去外地医治，犹且让人口述史书。此外，庄廷鑨自知才学有限，先后邀请几位名家充作顾问。顾炎武曾受邀到南浔，不过这位大儒认为庄廷鑨学识浅薄，便离开了南浔；吴江才子潘柽章亦曾来南浔拜访；海宁名士查继佐支持庄廷鑨修史，听闻他眼疾严重，带信给他，愿意相助。也许庄廷鑨太想完成一项不朽之盛事，坚持要自己完成，终至双目全瞎。

1655年庄廷鑨去世，书稿稍后完工。父亲庄允城痛惜爱子早逝，决定用庄廷鑨应得的那份遗产，代子刊刻发行。1660年，《明史辑略》刻印完毕，这部书包括了修订过的朱国桢《史概》和续写的部分。按照晚明以来的出版惯例，庄允城在书的扉页列出了一长串“参阅”名单，以增加发行上的卖点。

陆圻正是这众多参阅者名单中的一个。此外，尚有查继佐、范骧、潘柽章、吴炎等人。多年之后，在陆莘行的回忆中，父亲陆圻首先被人告知自己的名字列入了一部“抵触本朝”的“秽史”中，觉得不妥，便找到查继佐，连同范骧，三人出首，告至湖州教谕赵君宋处。然而参考范骧之子的回忆和查继佐的年谱，发现名列其中的并非他们三人自己。范骧的老友周亮工偶然翻阅此书，发现载有李自成入北京事迹，明朝官员有降表，下面标注是龚鼎孳的手笔。周亮工与时任清朝都察院左都御史的龚鼎孳有些交情，很不希望老友得罪另一位权贵好友，因此竭力劝诫三人向官府检举。

三人对此反而无所用心。在当时，借助名人效应宣传书籍，书商图利，文人为名。因此范骧甚至还炫耀说：“吾三人参阅有名。”然而经不住周亮工反复警告，甚至代他们起草了呈稿，声明庄廷鑨并未征得他们同意，便将三人列为参订者，所言诸事与己无关。三人于是联合具呈向浙江按察司衙门检举此事，申明备案。按察使衙门对此很淡然，说“文章之事，不便存案”。而司理嵇永福却认为此事不可等闲视之，就拿着呈稿去见浙江学道胡尚衡。胡亦不以为然，反要嵇永福处理。嵇永福批示，若无圣旨，谁敢私修明史，命令湖州府严查。湖州府学教谕赵君宋看到批文，即刻行动起来，从而真正揭开了这场文字惨祸的序幕。

赵君宋果真查出十几处悖逆文字，胡尚衡开始调查。庄允城得知后，立即开始金钱运作。他一面上下行贿，央求浙江巡道张武烈责令赵君宋停止调查，一面找人收回尚未卖出的《明史辑略》，将其中存在悖逆语句的页码抽掉，找人窜改补正，重新刊刻和装订，使之成为一部洁本，仍发往各地销售。然后老成的庄允城携带洁本《明史辑略》和大量金银，亲自进京疏通关节。他委托老友、在通政司衙门的王元祚分别转给礼部、都察院一部洁本《明史辑略》，同时奉上大把金银。通政司、礼部和都察院既得实惠，且书已是洁本，就未加任何批驳。因此，后来湖州府推官李焕给《明史辑略》下判状时，就有“既经部、院检察，便非逆书”的官方鉴定。

然而，明史一案已经流传在外，不少人觊觎庄家财富，觉得可以浑水捞鱼。个人贪欲一旦和专制权力结合，便释放出毁灭性的力量。

前归安知县、因贪腐被革职的吴之荣此时刚在监狱待了六年出来，他闻得此事，便去庄家敲诈，被庄允城拒绝。此外，吴之荣曾想去观赏查继佐家的家乐班也未能遂意。于是，这个心狠手辣之徒决意让庄家、查家和他敲诈未遂的庄家姻亲朱佑民家死无葬身之地。他找到一套初版《明史辑略》,将其中的“悖逆”之语一一标识出来,直接赶赴京城,将《明史辑略》和检举信递呈刑部。刑部官员见事关重大,奏报给康熙的顾命四大臣:索尼、鳌拜、遏必隆、苏克萨哈。于是，这场《明史辑略》案真正开始了。

陆莘行记下了那段时间家中的恐慌气氛。父母唏嘘偶语，她问情由，大人便以她兄长生病搪塞。父亲被押解往京城那天，母亲典卖家中衣饰，得了二百两银子，作路途费用。直到中年之后，她仍记得送别之际，父亲背着她，流着泪嘱咐母亲，要好好照顾他特别钟爱的女儿。于是，当陆家被抄之时，母亲将陆莘行托付给弟妹，冒充是她的孙女文姑。

危难之际，人性的丑陋和美好呈现无遗。

一位平日里颇受陆圻恩惠的邻居许周，见陆家落难，不惟义气相助，反拿着糨糊四处贴封条，为官府指认陆家家口，由此获得官员赏给二石米和两匹布，并且一道到京城拘捕随同陆圻入京的三弟。反而有一位办案人员同情陆家，用草席卷着送出了一位陆家男孩。

正月二十一日，陆、查、范三姓共 176 人被逮捕。此时，庄允城频遭酷刑煎熬，一个月前已经死于京城狱中。他的次子庄廷钺自北京日夜兼程，回到南浔后与他的五个兄弟一起被关入死牢。

朝廷派来的钦差在浙江、杭州官府的配合下，调动当地军队，进入杭州、湖州、南浔等地抓捕，凡与《明史辑略》有牵扯之人，主编、参阅、刻板、印刷、卖书、买书、作序、审查、谈论者，一概满门拘捕，关入大狱，集中会审。为《明史辑略》作序的李令晳被抄家时，前来拜年的七十多位亲友亦被抓捕。而江南书商陆德儒正置办嫁女喜事，全家及迎亲亲朋均被逮捕。

在狱中，年幼的陆莘行和母亲与诸位婶母诵经不辍。自从父亲被逮捕后，她便开始茹素。此后陆家无事，她归因于神佛护佑，清朝的野史、小说家则归功于查继佐早年相助一位乞丐吴六奇。六奇此时是平南王麾下战将，愿以身家性命为查赎罪，因此惠及陆、范两家。海宁查家的后人金庸在武侠小说《鹿鼎记》中，亦据此传闻演绎了吴六奇反清复明的一段异史。然而在陆莘行和范骧之子范韩在

《范氏记私史事》中都未曾提及吴六奇，按照常理，不大可能忽略这么一位“救命恩人”。

五月二十五，陆、查、范三姓主仆再次被戴上刑具，每人被两个狱卒共挟。陆莘行的母亲在身上藏了一把剪刀，以备紧急关头自裁。

康熙二年五月二十六，即1663年6月31日，“明史案”正式结案，所有被羁押的犯人，依次点名宣判执行。朱佑明喝了一碗参汤之后，凌迟处死；三子亦被斩首，妻子当场惊恐至死，三个儿媳则被流放边地。庄廷钺，凌迟处死；李令皙，凌迟处死；颇有才华的史学家潘柽章、吴炎亦被凌迟处死……《明史辑略》主编庄廷鑨则被戮尸示众。编写者、印刷者、贩卖者、购买者、传阅者统统处死、抄家，家属也都掠卖为奴。人肉横飞，血流成河，真个是天昏地暗，日色无关。罪犯家属们则在三日后被绳子拴着，被关在钉死的官船里，流放到遥远的盛京。最后点到陆圻等，查、陆、范三人此时魂飞魄散，结果被宣布不但无罪，反而有皇帝的赏赐。

此时距陆圻被捕已经过了半年。在陆莘行的回忆中，骨肉重逢的场景十分动人。她的兄长因狱中生病不能发声，见到父亲时唯有泪流满面。到了家中，尘埃满目，青草盈庭，一家人恍若隔世。至此，这场牵连了上千人的明史案算是终结了，有七十余人被杀。此案是清廷安定天下之后，对明朝遗民采取强硬政策的开端，亦开了此后残酷文化专制的风气。清廷借此压制读书人不加顾忌地抒发故国之思，以吴之荣告发为由，广为株连，终将“明史案”罗织成一个白骨累累的文字大狱！

影响巨大的小说《鹿鼎记》中，说查办明史乃是奸臣鳌拜所为，而“小玄子”康熙英明仁厚，赦免了明史一案牵连的众人，不过是小说家为祖先涂抹之词。真正得到赦免的只有出首告发的查、陆、范三家。

对于陆圻、查继佐和范骧，虽然他们在这起骇人听闻的案件中逃生，他们的心灵却住进了永久的牢笼。此案牵连到那么多人，是他们始料未及的，作为饱读圣贤书的宿儒，三人内心不可能没有负罪感。查继佐从此纵情诗酒，调教出浙江闻名的女乐；他一直在写的《明书》改名《罪惟录》，措辞亦极为谨慎。范骧经此打击，默默以终。

陆圻被移送京城时，便告诫两个儿子终身不必读书，以免重蹈父亲覆辙。途中行舟停泊于金山之下，远远听闻寺里的钟声，他许下诺言，如果生还，便跳脱红尘。这年十月初，朝廷下旨，将庄、朱两家的财产一部分给吴之荣，一部分给查、陆、范家。陆圻认为一家人能够逃生已是万幸，拒绝接受。

1667 年，陆圻断发出家，次年和家人相见之后，便弃家远行。从此陆莘行的哥哥们四处寻觅父亲踪迹，但有生之年，父子们再未相见。

至于吴之荣，陆莘行的《老父云游始末》里说他三年后得了恶疾，肉化成水，只留下骨架，脖子断裂而死。范韩在《范氏记私史事》中则说，吴之荣某日行于山中，忽然狂风大作，电闪雷鸣，吴被天雷击中，犯了疟疾，寒热夹攻，两日才死，云云。事实上，吴之荣倒极为可能寿终正寝，对他的诅咒不过是说明陆、范两家人心中所存的良知和歉疚。

二、流放者归来

1735 年 10 月 8 日，大清的第三位皇帝雍正龙驭上宾。两日之内，从如常听政到突然病剧辞世，朝廷发布的文书并未说明皇帝罹患何疾，于是，民间便开始流传种种“雍正暴死”的版本。版本之一，便是雍正为刺客所杀，头颅亦被携走，清廷只好以金铸造一颗假头下葬。《清朝野史大观》言之凿凿，说这位入宫行刺的侠女，为“（吕）留良孙女某，其剑术之精，尤冠侪辈”。

这自然是小说家言。事实上，在雍正严密的搜捕之下，吕氏一族怎可能有逃脱者。这位皇帝放过了曾静和张熙——

策反陕甘总督岳钟琪的直接主事人，但痛恨吕留良则是到了极点，屡屡形容他“恶贯满盈”“人神共愤”“天地不容”。最后对吕氏的惩罚也极为残酷：死去多年的吕留良和长子吕葆中被开棺戮尸，九子吕毅中斩立决，孙辈免死，流放宁古塔（今黑龙江省宁安市），与披甲人为奴。为了确保无一吕氏后人遗漏，雍正密谕浙江总督李卫严厉督察地方官，细细查访，“稍有丝毫疑情，即行根究到底”（《雍正朝汉文朱批奏折汇编》卷十八）。1730 年 9 月，李卫上奏，他的名单里增加了一个吕留良的曾孙，还有嫁入吕家的妇女和未嫁的吕氏妇女共二十九人。此外，他果然找到了一个漏网之鱼——吕葆中的续弦曹氏，在丈夫 1708 年过世之后便削发为尼。由于不在族谱上，她差点就躲过了厄运。这个遗漏很有可能触发了民间的灵感，野史里确实安排吕四娘是曹氏的女儿，学习剑术，长大后混入皇宫为家族复仇。

真实的历史则远没有这样痛快淋漓。从顺治十二年陈嘉猷被发往宁古塔开始，这里便成为清朝流放重犯之地。吕氏子孙栖身于城西大路旁的小屋内，过着极为贫寒的生活。从温暖的南方浙江嘉兴来到奇冷的北方，寒意穿透躯体，冻雪堆砌如墙，北风穿堂而过，弦月独眷离人。

牧瓶沙碛。待风鬟，唤作雨工行雨。不是垂虹亭子上，休盼绿杨烟缕。白苇烧残，黄榆吹落，也算相思树。空题裂帛，迢迢南北无路。

消受水驿山程，灯昏被冷，梦里偏叨絮。儿女心肠英雄泪，抵死偏萦离绪。锦字闺中，琼枝海上，辛苦随穷戍。柴车冰雪，七香金犊何处？

无数流人之幽恨，发万古之悲凉。1658 年被流放于此的江南诗人吴兆骞写了这首哀感顽艳的《念奴娇·家信至有感》，可谓曲尽宁古塔流人的危苦和寂寞。在写给母亲的信中，他描绘得更为真切："一年四季，无一闲日。一到种田之日，即要亲身下田，五更而起，黄昏而歇。……官庄人皆骨瘦如柴。"（吴兆骞《归来草堂尺牍》）

五年之后，继任皇帝乾隆发布上谕，那些曾为职官和举、生、监出身的流放者，一概免其为奴，于戍所另编入旗，出户办差。吕氏子孙是这项政策的受益者，他们被解除了奴仆身份，到驿站当差。

于是，吕留良的子孙们开始营建新的生活。和百千年来大部分顽强的中国人一样，只要稍留空间，他们便能给自己打造出一片天地。清廷规定，发配的流人及后裔不准仕进和从事一切政治行为。吕氏后人发挥所长，行医，经商，坐馆，三十余年后，居然风生水起。曾孙吕敷先读过书，后来学习做生意，很快便拥有了自己的铺面，与林海雪原里的原住民族做起了貂狐皮张生意，收入十分可观。头脑灵活的吕敷先还把闲置的余钱放租，在宁古塔旗下包放账目，每年二、八月开钱粮后放出，每两利银二钱，至下次开钱粮月份清还。吕敷先后来又在本村开设烧锅一处，居然赚下了资产不菲的家业，计有房产 165 间，地 414 垧（合约 6210 亩）。

吕留良的另一个曾孙吕衡先也做生意，后来有了相当的积蓄，计有房产 35 间，地 50 垧（750 亩），盐 25000 斤。吕念先也积累下了草房 28 间，银 300 两，春雨堂药铺一座。孙子吕懿兼则是一位妙手回春的医生，多年行医，生活堪称富裕，有 13 间房产。

然而，按照宁古塔官署的规定，流人们必须每五日去点一次卯。这不但是苦事，也影响生意。于是吕氏子孙们便筹划摆脱，其方便之法便是捐纳一个监生。所谓捐监，是清代的一项政策，准许百姓出资报捐以取得监生资格（国子监肄业文凭）。乾隆继位之初，停了各类捐纳，独留捐纳监生一项，但必须到京城在户部纳银办理。乾隆三年，下旨将捐监改为纳谷。纳谷捐监的本意是增加国家的粮食储备，以救济灾荒，平抑粮价。此后捐监的政策又曾多次变化。

渴望摆脱流亡者身份的吕氏子孙们，甚至未曾料及可能的风险。吕懿兼先行一步，他向堂侄吕衡先和吕念先挪借了六十多两银，再加上自己的积蓄，共125两，写了三代的履历，托吕衡先铺子里的伙计辛金山进京时为他代捐。乾隆三十八年（1773年），他如愿以偿。

吕敷先则打算亲自上京捐监，被察知身份，不许出境。改变身份的愿望如此急切，他把自己价值300两白银的房契押给吕衡先，得了125两，托一位江苏来的人参商人朱尚周带到京城捐纳，然后把户部所发的捐监执照寄到盛京的吕衡先外甥处。

令人惊奇的是，户部所发的四张监照上，吕留良的名字赫然在列。难怪吕家人被告发后，乾隆盛怒："……前即幸为开户，今复妄思溷厕衣冠，情罪尤为可恶。"1775年，厄运再次降临，吕懿兼、吕敷先、吕衡先、吕念先辛苦积累下的财富被抄没，吕懿兼和吕敷先以及他们的家属再度被赏给黑龙江披甲人为奴，吕衡先、吕念先和他们的家属也被遣送到齐齐哈尔水师营当差。帮助吕氏子孙的辛金山和朱尚周也因此在宁古塔被枷号两月，满日后还被打了三十大板，发回原籍管束。

经此一番摧折，吕氏子孙被永远禁止考试捐纳。吴越歌吹，杨花楼阁，永驻乡梦。他们从此谨慎小心，以塾师、医药和商贩为业，开齐齐哈尔读书的风气。民国元年，章太炎到了齐齐哈尔，前去祭奠吕留良，盛赞“至今用夏变夷之功亦著矣”。民国五年，浙江省督军吕公望曾致函吉林省公署，请把清朝流放宁古塔的吕留良和严鸿逵（受吕案牵连）的后裔遣回浙江。此时，宁安县和黑龙江的吕氏后人已有 71 户 498 人，然而因吕公望辞职，这一迟到的平反不了了之。

吕氏后人终于走出了宁古塔。1935 年，陈垣先生见到一位温文有礼的青年吕永泰，辅仁大学教育系毕业，其家在黑龙江省城做生意。当得知他是吕留良后人，陈垣与之相对唏嘘良久。

皇帝用子虚乌有之事惩治臣下，官员们一则万马齐喑，一则学会了借此打击政敌，民众也看到了打小报告检举揭发的“好处”。检阅康雍乾三朝文字狱，出首之人出于私仇报复或敲诈钱财者不在少数。于世道人心的崩毁，清朝皇帝可谓居功至伟。而人性的恶一旦释放，经百多年熔铸，便成为公众情感的 DNA，一旦时机成熟，便会支配彷徨四顾中的大多数，成为鼓荡人心的时潮。

我的确时时解剖别人，
然后更多的是无情面的
解剖我自己。

鲁迅

我也不喜欢最终将信仰变为某种宣誓。我为什么不是自然地就成为了某种人呢？我可不会轻易陷入那彼此都很和谐的“精神温室”中，“加入”这个词本身就是魔鬼。

先知

撰文 邹波

你在香山也会碰到一些普通的清洁工，你观察他们的行为，终于发现了一些异常。

多数时候你只是远远看见他们，捡垃圾，清理垃圾筒，修补他们的工具，吃盒饭，偶尔站着听一听鸟鸣。但有时候，他们在离你很近的地方继续劳动，后来几乎是你一边扔垃圾，他一边跟在后面捡，紧迫得让你喘不过气。

“别。”他终于自己绷不住，不好意思地说，“您接着扔吧，我继续捡，我可以跟得远一点。您面对您的风景，我面对我的垃圾。我们都是对事不对人。”有时天使仅仅隐藏在语言里，天堂不必能飞翔或永生，宗教并不是精神压力，而只是你如鲠在喉要去表达的那些东西，如果对方沉默，你终究会忍不住自说自话起来，这让我想起布道。

我正是在一个被布道的下午听说了这样的故事，出于两个新朋友——周萍和她先生——之口。之所以说是新朋友，是因我完全没有料到她会带着她先生重现。在 2007 年年初的《汉中故道》(这篇文章并未收入我第一本非虚构文集《现实即弯路》) 中记录了初遇的情景，只是我当时对它的意义并不自知：

“……另一条更加荒芜的国道是蜀道南段的 108 国道，自从汉中、宝鸡和成都之间的高速公路开通之后，路上已经完全没有车。

“‘不，还是有车，只是班次少，要等上两个小时，才会有一趟。’——在 108 国道走了一百多公里，我们才在一个来不及看名字的村庄遇见了一个等车的人——从深圳回家的周萍。她孤独一人，站在小卖部的门口，门前那把长凳证明这里是车站，周萍一身紫色的呢子外套，在这充满枯笔风格的秦巴古道的黑白国画中显得非常打眼。她说要有耐心等车——等待的奇迹，有点哲学味。等上一年，说不定能等到秦巴山区古代著名的白老虎……

“但对于我们这些没有耐心的人，这条道路仍然是空无……”

看当时的文字，可见我只琢磨到一点点旅行哲学的层面（那次在汉中博物馆老馆长郭荣章先生电话如盲棋一样的遥控下寻找古蜀道和古栈道的旅行，的确有种“未参透”的感觉，持久不能进入任何一个主题，完全是在冰面表层滑行，不得其门而入），而并未想到宗教。所以，这天下午他们突然再现，我感到时空的跨度、跳跃，真的如同宗教的地理学一样无序。我着迷于这更大的剧情——我竟然真的也存在在某个故事里。最后他们得出结论说：我们在你身上看到了上帝的计划。他俩听起来像一封信，或者任何没有内心的媒介物，比如天使。和很多牧师一样，那个男生尤其英俊，主要是他布道我听。据说追逐他的女人非常多，但看起来这英俊不代表任何一种男人。我是说，几乎是看不出性别的荷尔蒙的味道。这就是上帝面孔吗？确切地说，是一种涂了蜡一样苍白的英俊。

我陈述这些的时候，始终确信我仍然像脱离了宗教的青年罗素一样清醒，相信现代主义中的智力性，相信智力能战胜谎言和幻象。

我本想把这写成一部小说，但中国文学还没有小说是完全以宗教为主题的，或许是因为他们对信仰很少真正虔诚——除非是经命令的洗脑，或者出于基本生存的反抗需要，他们总会保留最低限度的犬儒精神的怀疑。拨弄开那些现成的作品，到达它们的核心，中国文学的主题可能还是那么世俗的几种——如何战胜艰难的生活。我欣赏那些有才能的中国作家，但他们有限的、非宗教的、只关肉欲和社会道德简单对立的主题终究使我不能满足。

这两个基督徒脸上有一种不由分说的宁静和“被组织的感觉”，周萍的先生——那男生二十六岁，更有抱负，有着无比复杂的经历，曾在天安门前卖过各种东西，摆过地摊，被天安门前的城管和警察驱逐，也蹲过监狱，但面孔还是孩子般光洁，可以做护肤广告。他想在三十岁的时候成为职业传道者，说话几乎也和牧师一样悦耳，而且通顺。他只读到初中，所以我也设想我是在同一个真正的十三岁孩子在说话。但他的词汇像哈金后来用英语写作那样完全够用的感觉，那些词语简单得像《圣经》(当然，《圣经》有许多基本词汇，中国人完全没有机会涉及，我学 GRE 的时候，也会觉得很生僻，比如“Charisma”这个词，但是又感觉它对它的生活，是那么简单……）

我们谈了两个小时《圣经》，有废话，也有有价值的。可能也算听者有心，让我觉得，仅仅把它当文学来读也仍然是不够的。这是久违的交谈体验，我很久没有这样的对象，可以那么流畅地谈事情、谈文学、谈哲学。想不到是这样一些莫名其妙的人恢复了我和世界这样的交谈，我长期的精神上的口吃可能是因为必须不断地拒绝宗教而引起的，我必须每说两个字就停下来刻意地说："不，我不相信。"（既不像诗人食指的情伤口气，也不像诗人北岛醒来的口气）——而是无神论者的口吃，无神论者身上还有一种特别难闻的刚硬，人类中的自大者。他们两个人也是志愿者联盟的人物，但并不确信中国的志愿者最后都会真的找到信仰，"有的人完全是慈善的目的，比如一些阔太太"。

我们还谈到我在陕北看到的被传销毁了的邻居之间的信任。他含蓄地 preach（布道）说：也需要某种精神生活来找回。有时，当我们谈到孩子，我正忧虑将来孩子上幼儿园的事，他们说，养育孩子不是到他们长大或者到你无力再抚养他们，应该养育他们直到他们被交托在上帝手中——这有几分道理，只有一个虔诚的孩子才能有那种自我要求的习惯，那种为人的自觉性、自律性。我见到许多刚硬的孩子只是任凭被现在的社会污染，在社交媒体上说着嘴硬的话，还以为他们自己是清醒的。

那男生还说，在敬老院和老人说话，就是重建语言之桥，语言是人类真正连接的东西，所以应该不停地说，而“你们写东西的，则必须不停地写，否则就会让那些老人感到没有语言连接着他们，感到被抛弃”。

他们还针对我的孤独说，咱们应该一起思考。我们还谈到了一些诡秘的东西，如预言，本来我以为《圣经》的预言都集中在启示录中，但他说无处不在，比如在《马太福音》中读到了“二战”的预言，但我觉得如果是那样，分布又是完全无序的，上帝为什么如此无视历史中必须的因素——时间顺序？他们说不出，但我后来自己继续推测：《圣经》只是极为全面地、一次性地事先将人类行为的丰富性，铺展出来，罗列出来。当人们反复阅读它时，会发现那些行为或迟或早真地会发生，或者重复发生在生活里——这就是所谓的“预言”，完全不是神秘主义的。当然，这也是一种与时代思潮不合拍的封闭思维，但难道不也是一本堪称“人类代表作”的诺贝尔获奖小说最希望实现的吗？

所有宏伟的小说都是用一种天才预言色彩的封闭性，去吞噬未来的开放性。古希腊人听到一句智慧的语言，很可能不会称赞它“多么深刻”，而是会称它为“一句真正的预言”。那时的作家忧郁而智慧，在和平的时候心事重重，在动荡的时候充满信念。预言也即哈罗德·布卢姆所指的“经典性”——这个词本身也来自宗教。其实我们每个人都有预言能力，只是时间太短——一毫秒——提前一毫秒知道事情，这太普通了，有些人要干超人的事。

贵格派诗人和废奴主义者惠蒂埃（John Greenleaf Whittier）1847 年在马萨诸塞州的洛威尔参加摩门教的礼拜仪式后写道：“在聆听这些现代先知们的言语时，正如我认为的，我发现了他们成功地使人皈依的伟大秘诀。他们的言语打动了公众的情感；他们迎合了人们普遍的需要。他们把福音书启示时刻的神奇力量与我们名义上的基督徒的当下状态加以鲜明的对比。他们寻找神圣力量的象征；那能战胜一切的信念为传道者打开了牢狱的大门，给予他们胜过一切的力量，使他们能抵御疾病和死亡本身的侵袭，能看见活生生在场的上帝。他们在经文中寻找一切论断，去说明信念这种不可思议的历史力量早就事先存在于基督教的第一批忏悔者那里。”

我想惠蒂埃最后感觉到的，也是那“预先写下”的先知的力量。

有时候，那男生滔滔不绝地讲，我几近被催眠。他很少容许插话——这一点我始终不能接受，宗教人员那不由分说并努力把一切思维都纳入他的寓言的态度，完全不是聆听的态度，也许他们也真是预先想好了要对我说的一切吧，我甚至怀疑他俩事先在背地里“设计”过我、讨论过我，最近一直在打电话邀请我。有时突然来电话说家里已经有一顿晚餐等我去吃，这想起来又很让人不安——我大学毕业前夕经历过一次非常严格的政审，也是后来才知道，那也是完全背着我进行的，有时候那调查的力量离我非常近，我却毫无觉察。

可能出于同样的反感，库切在《耻》里描写的那个鲁睿教授会拒绝任何心理辅导或者告诫，但他的刚硬不同于那些头脑简单的无神论者，他是一个有独立思想的人，可能是没有碰到更有能力的牧师吧……

也因此，我喜欢真正的好牧师胜于任何人，因为他们从来不打听别人，他们总是梦想能从外部看到人的本质。和一些优秀的诗人一样，你总是很惊奇：他那么陌生和自闭，却写下那么熟悉你、那么富于洞察力的回忆。

而且，我也不喜欢最终将信仰变为某种宣誓。我为什么不是自然地就成为了某种人呢？我可不会轻易陷入那彼此都很和谐的“精神温室”中，“加入”这个词本身就是魔鬼。我看这年月加入宗教比不加入宗教更容易，你只要放弃就行了——请滑入吧。否则你就是一个流亡者，你只有行动，你的思想也只是无名的行为。无论加入的是什么，更深邃的上帝或者魔鬼都存在于动词，而不是名词中。我读历史最后也在头脑中储存了一大堆人类行为——一堆动词，而不是时间和名称。可这不正是《圣经》写作的起点吗？

只是，我当然也不会为了能整天谈论精神方面的东西而加入宗教。

于是我几乎手拿着筷子睡着了，他也曾在一次冗长的硬座火车旅行时，站在过道上讲了一夜，用那悦耳的语言，为他人打发了十几个小时难以熬过的时间，那讲话完全成为了无词歌。

虽然最后他们暴露了他们是安利公司的成员，工作可能迫使他们改变性格，迫使他们与任何人谈心，并与魔鬼交易；生意是生活的动机，让人心安理得。但这种谜底对我已经不再重要，我仍然为交谈中的某些真诚的东西所影响。

我囫囵地以为，在那个漫长的下午，我是为某种美好圣洁的“瞬间体验”不断感动，它的价值是碎片式的。同时，在更大的故事里，它也只是一瞬间，感动我的不是绵延，没有导致我皈依。但这使我在归途中感觉到有什么事情压在心里沉甸甸的，想写下一些文字。当时天空像在下大雨一样，路上我像疯子一样躲避着一些看不见的东西，还想到了那个听完瓦格纳从拜鲁伊特怀着复杂的失望心情返回的尼采。那是一个真正的大雨之夜，对偶像道听途说一般的审美总是大于正式、系统地接受他、信仰他，这很可悲。

必须承认，从上述任何接受方式来讲，我都如此喜爱宗教的语言，或者它带来的语言，我在西方作家的作品看到了它们那神秘的指引——如果将西方宗教视为一个语言库,《圣经》和那些正典包含了最简洁的核心词语和与宗教紧密联系的艺术，甚至有激情的神学，还有诗歌以及对诗歌的那些精彩的评论语言包含了它外围全部华丽的部分，叶芝和 T. S. 艾略特都在其中飞翔。，还有成千上万的作家。这其中也包括哈罗德·布鲁姆代表的生动的文学批评传统。

布鲁姆在《西方正典》中用一种倒置的口气说："我相信我所感受到的东西，即所有的宗教都是一种诗歌的流溢，不论好坏。"宗教之于文学，除了"预先写下"的先知力量，还教会诗歌完全从外部去审查事物。它们完全没有兴趣进入其他事物内部，它们遥远地言说着自己，像一个比喻一样叙述着自己，比喻的本质是远离它要比喻的世界，并不需要像科学那样力图接近事物，从内部分析它们。

布鲁姆还天才般地用一种倒置的口气说，真正的经典蕴涵了这样的行为，它不是"被主流社会、教育体制、批评传统所选择",而是"那些古代名家在选择后起的作者……"——这和博尔赫斯所说的"我们创造了我们的先驱"也正相反，后者把人性的荒谬完全化为了语言的二律背反。

布鲁姆还认为，我们现在感觉到的《圣经》的力量，有过一个“强力阐释”的过程（他认为莎士比亚和弗洛伊德都是“强力阐释”的人，这个词在他笔下几乎成了“有力量的文学”本身的代称，这也颇似我前些时的一篇文字里所提到的希尼关于“语言需要被激活”的感受，而其他人只把“阐释”视为一种并不高明的文学批评手法）——但有人的确正是怀着这一动机去进行真正的创造的。

最近发现越来越不能用一个人的言行来衡量一个人了。马尔罗说：“我们不是我们所说的，也不是我们所做的”——这时代需要强力的理解者去宽容人们与内心分裂的言行，正如布卢姆所说的强力读者。

这一强力理解的过程包括2世纪犹太拉比的努力，也包含天主教甚至新教神学家看似互不相容的努力——这正是《圣经》“复杂的正典化”的过程。布鲁姆说：“评判标准居然是美学的……《雅歌》之所以被收进《圣经》中，就因为它已令伟大的犹太拉比阿基巴心醉神迷，并且这种迷醉与我们对《雅歌》的着迷，如沃尔特·惠特曼所说的‘当丁香花们在门前庭院绽放时，并没有根本的差别’。”

《圣经》的目的竟然有可能真的是某种文学抱负，就如一个医生是为了治病，反而不是因为对疼痛这奇迹的着迷而干这行，对神的记载就堕落成了安慰人类心灵的东西。或者如布鲁姆所说：“它们都已不是真正的圣经宗教。”——犹太教最终是一种口头文学，而基督教则用全部的神学艺术来替代了《圣经》本身。“只有美国宗教是真正的圣经宗教”，但它又立刻产生了爱默生、爱伦·坡和惠特曼。

可能因为人在写作的时候——无论是谁——都力求写得好。博尔赫斯试图使人类的信仰由宗教转向语言本身，这也正是诗人和哲学家的共同本质：他们发现现实无解之后就回头来探究语言曾经的虚伪，对现实（我强调的是“对现实”）不再具有建设性，而不像科学家和小说家、社会学家继续在现实和人的泣血心灵里寻找答案。在这一点上，博尔赫斯和荣格一样，如此俏皮、机智；他们是局部的无神论者和有神论者，单独地相信一些事物，又怀疑一些事物——这也是我在这天下午聆听布道时体验到的一种内心要求，但他的语言又恰好完全有着撰写经典石板刻的能力。

最后，布鲁姆像一个唯心主义历史学家那样写道：“和文学或任何文化的历史一样，宗教的历史也是由天才创造的，是由极少数的神秘人格创造的。比如我不相信社会学家和人类学家对摩门教（美国独有的圣经宗教）历史的研究。”美国就是一个人创造的神话脚本，那么宇宙也可能是一个脚本。连黑格尔这种反戏剧的人也摆脱不了基督命运的脚本。

因为宗教的历史和它所描述的世界历史，很可能完全是某个天才内心的外化。布鲁姆详细描写了摩门教的先知约瑟夫·史密斯个人的幻觉，约瑟夫在美国纽约州北的帕米亚拉荒原实践他的宗教社区，那里是接近纽约城的美国精神死角，他企图恢复与欧洲平行的远古美洲基督教起源的城邦——通过那疏离实现一种单独的时间感和空间感，但他折中地并不用“起源”这个词来解释上帝对世界的作用，他只说上帝“组织”了一个业已存在的世界，既给了欧洲一脉，又从亚当那一代就分出北美洲一脉基督教先驱（其实他多想说那就已是上帝对美国的青睐，就如好莱坞所有末日主题的电影都是以美国的沦陷代替全世界的沦陷）——后起而自称原教旨的新宗教要短期确立自己，必须将地理学掺杂进宗教哲学。

所以我们不得不说约瑟夫·史密斯宗教的前提是美国，他生来已经无可逃避地享受着美国生活的基础，这甚至已经是一种亚文化。他在这民族主义亚文化的基础上，在不再有机会创造宗教经典的新时代倔强地创造伪经。他承认自己继承的是后起的信仰，摩门教是实践和纪律大于思想的宗教，是边疆的宗教，它实际是一个被自己边缘化的美帝国的私生子，如此个人化又如此美国化——这些个人偏好都构成了后来教义的核心。H. S. 康马杰说它是美国土生宗教中最具有帝国主义色彩的宗教，它占有领土，并控制美国教徒的心灵，而奴役他们的，是另一个美国人的心灵。

布鲁姆在这本书中间的几个章节几乎又逐渐变成一个人

类学家对约瑟夫的认知和情感结构的剖析，但我们逐渐发现，布鲁姆在这本书中探讨的仍然是美国精神。美国的宗教当然也首先是美国的，美国对它的影响是深刻的，甚至是晦涩的。美国各领域的学者永远兜着一个超越宇宙的大圈子，其实还是在谈“什么是美国”。美国已经在哲学辞典中成为一个概念。

但“什么是中国”并没有像那样被中国人在更大的范围、更深刻的层面中去探究。“中国性”从来没有那么大胆地先勇于被思想和生活融化掉，比如大胆地先将它理解为弗洛伊德梦想的碎片，最后再结晶出来。这才算所谓分析，不能时刻都像个小市民那样谨小慎微地对待自己祖国的遗产。这个粉碎的过程，几乎就是“哲学化”。如今，我们对自己的国家已经很少能有哲学体验了，因为我们从来就没有发展出很好的哲学，甚至连阐释学（释经阶段走向哲学的萌芽）都谈不上有长足的发展。

中国传统仍然只是一个结石，一个硬化的块茎，它关闭着，每一个单元都关闭着，它没有引领感情，也没有真正做到无处不在，我们和它并不是水乳交融的。我们老是问世界是否接受中国性，却很少问中国能否包容世界。比如电影，我们拍出明显的中国题材，希望世界能耐心地理解，我们是不是在寻求人类（西方显然是主体）的认可，总有一种私生子的愤懑。可当哪天中国容纳了世界的感情，中国就能拍出世界上一切题材的电影。我们出生时对什么都生疏，但终有一天我们会以世界为家。

中国人自我身份的确认，显然已不能靠有形的物质遗产，因为它们已日渐被拆除、毁灭；甚至也不能靠有形的精神遗产，因为它们本身也很少发展出现代性。中国人必须在这毫无特色的现代城市中，再生一个哲学化的中国文明走向现代，各种摧枯拉朽的革命总是从半途毁灭了正走向哲学的人格，这夭折的人格和深度的身份确认却很难再通过革命重建。

布卢姆在这本书中，客观上是在用现代摩门教这个更容易考察的宗教样本（至少考察了它的文学性和美国性），试图揭示一切神学的"人为性和任意性"——他后来明确地说："（摩门教神学的人为性和任意性）实际上是所有宗教显而易见的怪异性和难以预料性。"

但是那已在人心中的，也就是预先写下的历史，只不过仍在被继续随时写下。那几乎也能有效地象征着文学史。宗教的历史和由无数文学家内心构成的历史序列，相对于社会历史是独立的历史，同时面临一些外部战争和内部战争，而内部战争——那些特定的人群内心的呼应和宿怨——区分了这些历史。

如果上帝仅仅是一条事后擦去的辅助线——他们词语的源泉，而我目前仅仅开始读一些唐诗，寻求汉语中更丰富的语言和思维模型，以代替我们写作时从来就缺少的东西。古诗其实是多么不稳定的文本，每个字都可能有讹误和谬传的版本，可其神采始终不散，民间的写作能力又如此普遍，无数佳句不见经传……但我们天赋的语言库、思想库到底在哪里？

总之，目前我发现我喜爱的宗教的确是“天使仅仅隐藏在语言里，天堂不必能飞翔或永生，宗教先知的能力也许只是你如鲠在喉的那些东西、那些将说未说却被打断的话。”——这可能也是无神论者最充满善意的宗教观。

可在我们的现实里，当一个人宣称“我找到了信仰”时，往往只是软弱地投身了某种形式的教会，这是自由丧失的结果。1940年代开始丧失的自由到现在还没有恢复——1940年代，“现代主义”这种人类智力生活的积极需求就是这样走向没落的，其中的许多人“回归”了更蒙昧、更集体化的思想，正如多民族国家向单一国家退缩，紧张感、个人抉择的紧迫感再次袭来：人道主义（福斯特、纪德、瓦莱里）、宗教（于斯曼、艾略特）、传统、法西斯主义（庞德、P. W. 刘易斯）、东方（赫胥黎）、各种社会学说（艾吕雅、阿拉贡）、学术批评（萨特）、政界（马尔罗）……更多的人进了大学，那些伟大的流亡者消失了。

在这天晚上，我终于从下午的催眠中平静下来。我发现，下午的昏聩说明我仍然对生活中的许多事物无法立刻就当场理解。但终究对宗教，我仍然可以完全不投入自我地真诚地信仰它——这说的其实是一种阅读的良好状态。如果你不能很好地对付一个布道者对你的影响，你当然也很难对付一本书对你的影响了。晚上的回归只是再次证明我们那强劲的阅读生活的能力并没有衰退，在这个被布卢姆称为“阅读史上最糟糕的时代”（因为文化批评代替了文学批评，看看我们写的那些书评就知道了……）。

在晚上我却终于回归了莎士比亚。他从来都是现代的，始终在流亡，在主流都不存在的时候，他就在流亡；他战胜了自己作品出现的任何文化因素的影响，包括作为文化的宗教，还有文化本身，因为文化是弱者的良药，可以不去直面精神。我下午就试图通过文化来麻痹自己对宗教的原始情感，还有所谓哲学，一次陈述、一次哭泣和一次忏悔，或者一次亵渎，都是解决问题的幻象。

莎士比亚有原创性（这种原创性不是我们现在出于“成就个人事业、用以对付竞争”的文学目的，布卢姆反而认为女性主义者、非洲中心论者、受福柯启发的新历史主义者和解构主义者都是“憎恨学派”的虚无主义者，布卢姆认为他们都只是用逆反来自存立说，比如通过写诗来克服哲学，写哲学大部头来克服诗歌，但逆反不成文学，不成思想，它太单调、太陈腐了，只不过是报复）和强大的阅读生活的能力，他是受到“影响的焦虑”最小的作家。唯其如此，我在所谓“世界末日”的时候也才仍然会有兴趣阅读莎士比亚的书。文学中要出现音乐界的巴赫与莫扎特似乎真的更困难，他们自身的本质从没有因为他们的宗教、知识甚至感情而丧失过。

可能这一切包括现代主义在晚熟的我身上远远还没有没落，我仍是一个没有信仰的人。修订完这篇文章的时候我听见年轻的敲门声，两个同样英俊的美国小伙出现在我多伦多的公寓门前，高中毕业却汉语流利的罗长老和饶长老要如约来 convert（归化）我，因为上周我在纽约州北部的帕米亚拉拜访了约瑟夫·史密斯的故居——他觉醒遇见天使的地方。我在那里又不知为何撩动了他们想渡我的心弦，就像八年前在秦岭的路上让萍水相逢的女孩周萍感受到我的“慧根”一样。在接下来对摩门教在北美华人中传教过程的采访中，我将试图透过他们的视野看北美华人的宗教信仰。

越来越多人把我当作女人，于是我变得越发女性化，不知不觉地适应了这个改变。要是人们都觉得我不会倒车或是打不开瓶盖，我奇怪地发现自己真的做不到了。要是别人说那个箱子太沉了我搬不了，我也会发现确实如此。这让我很费解。

——摘自变性女作家简·莫里斯 (Jan Morris) 的自传《谜团》(*Conundrum*)

关于性别的联想

撰文 科迪莉亚·法恩
翻译 郭筝

如果有个研究人员拍拍你的肩膀，请你根据文化常识写出男性和女性的特点，你会不会为难 :“你这是什么意思？”每个人都是独一无二的，具有多面性，有时甚至自相矛盾，即使单论一种性别，环境、社会阶层、年龄、经历、教育水平、性取向和种族不同的个体，个性也是千差万别，要把这么复杂多变的事物粗暴地分为两类是不是毫无意义的？不，不会！你会拿起笔开始写答案。

这个调查的结果是两个表，你会发现下面这些形容词放在18世纪关于两性责任的论文中一点儿也不突兀。其中一个列表很可能以共享性（communal）特点为主，如：有同情心、喜欢孩子、依赖他人、在人际交往中较为敏感、乐于抚育。你会注意到，这些是希望服务于他人需求的人的完美特质。在另一个性格列表中，我们会看到制控性（agentic）的描述：领导者、攻击性、雄心勃勃、善于分析、争强好胜、有控制欲、独立、个人主义。这些特性使世界屈服于个人意志且让你借此赚得薪水。我不需要告诉你哪个是女性的特点列表，哪个是男性的，你肯定已经知道了。社会学家塞西莉亚·里奇韦（Cecilia Ridgeway）和谢利·科雷尔（Shelley Correll）指出，这两个列表也非常接近人们对“中产阶级、异性恋白人”的刻板印象。

即使你觉得自己不认同这些刻板印象，你的思维中也有一部分确实如此。社会心理学家发现，我们有意识的自我阐述并不完全是事实。布里安·诺塞克（Brian Nosek）和杰弗里·汉森（Jeffrey Hansen）等研究者提出，刻板印象、态度、目标和认同似乎都处于内隐层面上，其运作“不受意识、意向或控制”

的影响。人思维中的内隐联想（implicit association）可以看作错综复杂而又十分有组织的关系网，这个网络把不同的物体、人、概念、感受、自我、目标、动机和行为关联起来，其中每个关联的强度取决于你过去的经历（有趣的是，也与当前情境有关）：那两个对象——比如那个人和那种感觉，某个物体和某种行为——过去同时出现的频率。

那么，关于男女，内隐思维自动联想到的是什么？社会心理学家用于评估内隐联想的测试基于这个假设：被试受到一种刺激时，人会迅速地在无意识情况下自动触发强关联的概念、行为和目标等，而对弱关联内容的作用则相对较弱。这些被触发的表现更容易影响知觉，引导人的行为。

计算机化的内隐联想测试（IAT，Implicit Association Test），由安东尼·格林沃尔特（Anthony Greenwalt）、马扎林·贝纳基（Mahzarin Banajii）和布里安·诺塞克（Brain Nosek）等人设计开发，是应用最广泛的心理学测试之一。这个测试要求参与者把词汇或图片进行相应的归类。比如，首先，他们必须分别把女性名字与共享性词汇（如互相关联、支持性）、男性名字和制控性词汇（如个人主义、争强好胜）归为一类。参与者通常会觉得这比交叉归类（女性名字与制控性词汇、男性名字与共享性词汇）要容易。研究人员将反应时长这一微小而重要的差异，当作女人和共享性、男人和制控性之间自动、无意识的强关联的指标。

不管赞同与否，你都可能有相似的联想。因为这种联想，并不需要你使用到意识、意向和控制，人们就是从环境中存在的联想里形成了这种记忆。几乎每一台吸尘器背后都是一个女人在推着，联想记忆就会吸纳这个模式。这当然是有一定好处的，你可以轻松高效地了解周围的世界；但缺点就是，这种记忆似乎不会鉴别获得的内容——在学习显性知识时，你可以进行思考和选择性记忆，但联想记忆就不会。联想记忆还有可能自动获得社会、媒体和广告中的文化模式，或者对这些内容作出响应，这又会加强那些你并不赞同的联想。

这意味着，如果你崇尚自由、不想冒犯别人，你可能不会太喜欢自己的内隐态度。在它和有意识的自我之间，存在着大量分歧。研究表明，虽然我们声称自己对社会群体的态度是新式而进步的，但我们的内隐表现却常常非常保守。在性别方面，“男”和“女”这两个概念触发的自然联想，远不止阴茎和阴道。内隐联想的测试表明，男人与理科、数学、事业、阶级和位高权重的内隐关联更为密切，而女人触发的内隐联想则为文科、家人及家庭生活、平等和低权威。

马萨诸塞大学的尼兰加娜·达斯古普塔（Nilanjana Dasgupta）和沙基·奥斯格里（Shaki Asgri）进行了一系列实验，揭示媒体及生活本身如何独立于我们的观点来创造这些联想。他们研究了反刻板印象信息的作用。在第一个实验中，他们让一组女性被试阅读著名女性领导人的缩略版传记，如 eBay 的首席执行官梅格·惠特曼（Meg Whitman）、美国最高法院大法官鲁斯·巴德·金斯伯格（Ruth Bader Ginsburg）。与没有阅读传记的对照组相比，她们在之后的内隐联想测试中，能够较容易地把女性名字和领导性词汇归为一类。但是，阅读这些杰出女性的传记，并未影响到被试关于女性领导力的外显观点。

达斯古普塔和奥斯格里又研究了现实世界对内隐思维的作用。实验参与者都是女生，来自美国的两所文理学院，其中一所是女子学院，另一所是男女同校。他们评估了入校仅几个月的大一新生对女性和领导力的内隐态度和显性观点，一年后重复实验。学校类型——男女同校或纯女校——并未影响学生自己描述的对女性领导力的看法，但他们的内隐态度却变了。

大一初期，他们都不能很快把女性和领导力词汇归为一类；但到二年级时，女子学院的学生们就不会再对“把女性和领导力归为一类”产生内隐性排斥。而男女同校的学生在测试中的反应速度却变慢了。这种差异产生的原因可能是，女子学院的学生能见到更多女老师，男女同校的学生——特别是学习数学和理科课程的学生——与女性领导者接触的经历较少。换言之，环境模式改变了他们内隐思维中关于性别的刻板印象。

在环境中，当性别被置于突出位置，或者我们根据性别对他人进行归类时，就会自动触发关于性别的刻板印象。过去几年中，社会心理学家一直在研究激活的刻板印象将如何影响我们对他人的认知。但最近，社会心理学家对另一现象也产生了兴趣，即我们可能会通过刻板印象的透镜观察自己。因为事实证明，自我概念是可以被改造的。

也许，你把自己的心理状态提供给精神科医生分析时，他并不会眼前一亮，也不会期待接下来一个小时会有比工作更多的乐趣。但你的个性里肯定有无数让社会心理学家着迷之处。因为一个人的自我就像等待琴弓触碰的弦，像一张繁复的网，因环境不同而呈现微妙的差异。对此沃尔特·惠特曼概括道："我辽阔博大，我包罗万象。"包罗万象的自我无疑值得拥有，但你很快就会发现，要同时处理这么多的侧面可不美好。更好的情况是，每次只从那么多的行头里挑选出少数几件自我概念的外套。

有些心理学家将正在使用的自我——从整个集合中选出的某个特定的自我概念——称为活跃自我（active self）。如名字所示，它不是消极被动的，不会日复一日、毫无变化。相反，活跃的自我像一只变色龙，每时每刻都会根据社会环境发生改变。当然，思维只能利用现有的一切——对每个人来说，自我概念中都有一部分比其他更容易被激活。但“自我”的大部分，都被各种社会身份的刻板印象占据着，比如纽约人、父亲、西班牙裔美国人、兽医、壁球运动员、男人。事实证明，在特定的时刻，你是谁——你自我概念的哪一部分处于活跃状态——与环境密切相关。虽然有时候，活跃的自我很有个性，但有时，环境会裹挟着你的社会身份，冲击正在使用的活跃的自我。它要对应的是一个特定的社会身份，那么会更接近刻板印象也就不足为奇了。类似的，强调性别也会有这样的作用。

比如，一项研究要求一组法国高中生评估男女在数学和文科方面天资差异的刻板印象，然后再评价自己在这些领域的能力。首先，他们在自我评价中表现出显著的刻板印象。随后，他们按要求写出自己两年前在一个重要的国家标准化考试中的数学和文科成绩。不同于对照组学生，刻板印象组同学的记忆发生了改变，变得与刻板印象一致。女生报告的文科成绩优于其实际水平，而男生则夸大了自己的数学分数，他们报告的成绩比实际分数平均高出了百分之三，同时女生对数学成绩则低报了同样的比例。这一影响看上去也许不是太大，但可以想象两个年轻人会由此选择不同的职业道路。因为受性别影响，男孩会把自己看作 A 等生，但一个同样优秀的女孩却会给自己打一个 B。

如果说这种激发性别意识的办法似乎不够精细，那是因为它确实不好。当然，这并不是说它不能代表真实世界。性别的刻板印象无处不在，有时甚至出现在不该出现的地方。苏格兰学历管理委员会（Scottish Qualifications Authority）曾发起过一项运动，旨在增加高中物理、木工和计算机等科目少得可怜的女生选修人数，而一些老师毫无顾忌地表达了对这一举动价值的怀疑。“我认为我们最好意识到男生和女生不同，他们的学习方式也不一样，”爱丁堡一所知名私立学校的校长说：“总的来说，男生选择的科目适合他们偏逻辑的学习方法。”他言辞委婉，没有清楚地阐明观点，而是让听众自行推论，也就是女生更倾向于非逻辑性的学习方法。但重要的是，刻板印象不需要公开表达，就可以激发性别意识。比如，你是否在填表时遇到过这样的问题？

□ 男性

□ 女性

甚至这么一个不带感情色彩的问题也会激发性别意识。研究者要求一组美国大学生评估个人的数学和语言能力。评估开始前，一些学生要在简短的人口统计调查部分写明性别，另一些人则要标明种族。打勾这么简单的步骤却有惊人的影响。比如，相对于表明自己的欧裔身份，欧裔的美国女生在性别被强调时，会对自己的语言能力更自信（这与流行的观点一致，即女性的语言能力更胜一筹），同时会低估自己的数学水平。相反，欧裔美国男生在强化性别（而非欧裔身份）时，会给予自己的数学能力更高的评价；而突出种族时，则会高估语言能力。甚至细微而不易察觉的刺激也会改变人的自我认识。心理学家詹妮弗·斯蒂尔（Jennifer Steele）和纳利尼·安巴蒂（Nalini Ambady）对一组女生进行了警觉性测试。被试需要根据电脑屏幕上闪光出现的位置，尽快按下相应按键。这些闪光实际是一些阈下刺激（subliminal stimulus），单词迅速被一串“X”替代，使人难以辨认。一组被试接受的是“女性”词汇，如姨妈、洋娃娃、耳环、鲜花、女孩等；另一组看到的则是叔父、铁锤、西装、雪茄、男孩等。随后，被试要评估自己参加适于女性的活动（如写作或文学考试）和适于男性的活动（如解方程、参加微积分考试或计算复利）时的愉悦程度。男性词汇组的女生认为参加两类活动愉悦程度相同。而女性词汇组对文科类活动的偏爱则胜过与数学有关的活动。作者认为，刺激“改变了女生看待自我的镜头”。

我们不仅会受到微小因素的作用，一些不可捉摸的因素也会影响我们。澳大利亚作家海伦·加纳（Helen Garner）提出，一个人可能会“认为人就像分散的气泡，从彼此身边漂过，有时会发生碰撞，或者……也可能会相互重叠，进入彼此的生活甚至内心”。有研究支持这一观点。其他人对你的看法，或者更准确地说，你所认为的他们对你的看法，能够穿透你自我概念的界限。威廉·詹姆士说：“一个人跟多少人交往并在他们心中留下印象，他就会有多少个社会自我。”为证实詹姆士的观点，普林斯顿大学心理学家斯泰西·辛克莱（Stacey Sinclair）等进行了一系列实验，表明人们在社交中会“调整”自我评价以迎合他人对自己的看法。当我们想到某个人或准备与他人交往时，自我概念就会进行调整，从而创建共享性现实。也就是说，如果他们对你的认知与刻板印象一致，你就会依照刻板印象行事。

比如，辛克莱让一组女性被试认为她们马上会见到一个颇有魅力但存在性别偏见的男人（他并不讨厌女人，而是认为女人应该被男性宠爱和保护，同时不希望女人过于自信或行事果断）。在交往中，这些女性就会调整自我概念，让自己更符合上述传统观点。而另一组女性则被告知，她们要见到的男人对女人持现代观点。与后者相比，第一组女性认为自己更具备传统印象中女性的气质。有趣的是，只有当人们出于某种动机希望营造良好的人际关系时，这种社交性调整才会发生。这表明，生活中与你关系亲密、对你影响较大的人，很可能像镜子一样使你认识到自己的特点。

自我概念的转变，不仅是自我旁观时看到的变化，还会影响人真实的行为。社会学家布朗温·戴维斯（Bronwyn Davies）在对幼儿园孩子的研究报告中，描述了小姑娘凯瑟琳被一个小男孩抢走洋娃娃后的反应。她试着要回洋娃娃但没有成功，于是她大步走到衣橱旁找出一件男式马甲。她穿上马甲，“再次出征。这次她夹着洋娃娃凯旋，然后她立刻脱掉马甲扔到地上”。当成人从自我的行头里取出一个活跃的自我时，换身衣服仅仅是一种隐喻。但它是不是能像帮助凯瑟琳一样，帮助我们更好地担任某种角色或完成目标呢？研究表明答案是肯定的。

在最近的一组实验中，西北大学的亚当·加林斯基（Adam Galinsky）等人给参与者展示一个人的照片：拉拉队员、教授、老人或非裔美国人。试验中，一些参与者要假扮照片中的人，并写下其典型的一天。对照组则以客观的第三人称（他/她），描述照片中人的典型生活。这意味着，研究者不仅能看到刻板印象的作用，还可以看到观察角度的影响。研究者发现，观察角度引起了“自我—他人的混合”。与对照组相比，那些假扮拉拉队员的被试在自我评估时，认为自己更为迷人、漂亮和性感；想象自己是教授的人，感觉自己更聪明；假设自己是老者的人，感觉自己更加虚弱而独立；那些经历了短暂的非裔美国人生活的人，则认为自己更加强健、具有攻击性。他们的自我认知融入了人们对另一个社会群体的刻板印象。

随后，研究者证明自我概念的改变会连锁影响到个人行为。加林斯基等人发现，与对照组相比，假扮教授的被试分析能力有所提高，而把自己融入拉拉队员特性中则会有损这种能力。在实验测试中，假想自己是非裔美国人的被试比自认为是老人者更具竞争力。将自己假想为他人这样简单而短暂的经历，会改变人的自我认识，并由此改变人的行为。这为"演久便成真"的谚语提供了事实依据。

斯泰西·辛克莱等人还观测到行为会受显著影响。你应该还记得，那些要跟观念传统的男人打交道的人，比起要跟观点更现代的男人相处的人，觉得自己更有女性气质。在一组实验中，辛克莱安排被试和这个男人接触。当然，这个男人只是个实验助手，他并不知道，关于他对女性的态度，被试得到了什么信息。那些以为他待人和善但有性别偏见的被试，不仅认为自己更具女性气质，行为也更符合刻板印象。作为一个在哲学系工作过几年的心理学家，或许我可以借此机会，告诉那些觉得在茶室里跟我交谈索然无味的同事，这纯属他们对心理学家的轻视。

显而易见，一个不断变化的自我可以有很强的适应性，这有很大的用处。社会自我是社会环境（包括他人观点在内）改变自我认识的关键，不断改变的社会自我能让我们在各种环境中都有合适的心理着装。我们已经看到，自我概念的改变会连锁影响个体行为，在下面的章节中我们会仔细研究这一现象。我们在社会交往中敏感而可塑，能够针对不同环境和伙伴选择正确的社会身份，这有助于我们更好地融入、扮演当前的社会角色。在相应的环境中，女性自我和男性自我无疑像其他社会身份一样有用，但灵活、有用、对环境敏感，毕竟不同于“线路固定”。如果我们进一步研究共情的性别差异，就会发现那些归因于固定线路的现象，更像是个体根据不同社会环境的固有期待，自我敏感地作出了调整。

——本文选自果壳阅读即将推出的《是高跟鞋还是高尔夫修改了你的大脑》

(*Delusions of Gender: How Our Minds, Society, and Neurosexism Create Difference*)。

电影就是和生活做爱。

杜可风

一个文明如果在人类精神层面增加一丝新结构，已堪称伟大，古代雅典却毫不迟疑地进入了精神结构的地基，在人类情欲和无意识深处打下了一个古希腊文的有关美和民主的标记。

雅典之爱

撰文 张宇凌

在雅典考古博物馆有一幅让人不能移步的墓碑浮雕，它有艺术佳作的一大特性：当你凝视它的时候，整个世界像来到了长途飞行的末点，优秀的驾驶员让飞机与陆地的接触化为一种猛烈、低频却深入体内的震颤，内心的一切景致透过这面舷窗，全部渐渐静止和清晰起来。

浮雕发现于古代雅典，一眼可以看出是公元前400年当地人最流行的墓碑样式：因为它不仅使用了雅典北面山区特产的潘泰列克（Pentelic）大理石，而且呈现了一幅“握手告别”(dexiosis)的场面。这是几乎所有同代墓碑都使用的主题。左边的年轻人袒露右肩，身下跟着一条猎犬，与他握手的长者袒露前胸，左衿挂着一个装精油的瓶子。

两个人就这样静止在比拥抱远一点点的位置，他们的表情是如此困窘羞涩，以至于仿佛各自陷入了沉思——死亡让雅典人更多的是思考而不是悲痛，最极致的例子就是，苏格拉底用滔滔宏辩伴随着毒液流遍他的全身。光从构图上，我们无法看出是谁离开了人世，唯一一丝不确切的线索，就是年轻人的左手食指伸出，其余四指紧握。这个手势意味着：“请等一会儿。”但我们仍然不清楚，他是请求逝者稍慢一些离去，还是请求世界再给他自己一点时间。

这个经典的告别场面还另有一个经典之处：它表现了严格符合社会规范的“雅典之爱”。这种爱正如图所示，首先必须由一个年长的人追求一个未成年的年轻人，他们的差别在图像上用有无胡须来加以区分。而他们的相识在一开始应该在公共场所进行，最典型的地方就是只有男性公民出现的运动馆和猎场。这在图中分别被呈现为猎犬和随身携带的精油

墓碑，出土于希腊雅典。人物之上的空白部分有彩饰残余，原墓碑之上罩有单独雕刻的装饰，已残缺。大理石材质，约公元前4世纪作，现藏于希腊雅典国家考古博物馆。（绘图：张宇凌）

瓶（aryballos）。

第一次面对这样的浮雕，会觉得把一位毫无血缘关系且并非终身伴侣的人放在墓碑上，就如同我们要求把初恋情人放在墓碑上一样让人难解。

“正当的爱”: paiderastia

希腊文 paiderastia，由 pais（男孩）和 erastes（爱人）组成，表示成年男子对未成年男孩子的爱。在公元前 1650 年的克里特岛上流行着男孩的成年仪式，在这种仪式中，贵族男孩子被成年男性“劫走”，去往荒野生存两个月，归来后仍和此男性紧密地生活在一起，整个仪式被视为一种男性和贵族的“荣耀”，承担着教育和肉体两方面的功能。亚里士多德还认为，米诺斯国王推行这个制度是为了控制克里特半岛的人口。后来多利安人入侵希腊半岛，这个基本生活在军营之中的民族，迅速承袭了这种有利于战士培训效率的关系，他们还把它传到斯巴达及半岛的其它地方。在雅典，这种关系于公元前 6 世纪突然变得很流行。

公元前 514 年，一对同性恋人哈里斯托盖敦（Aristogeton）和哈尔摩迪厄斯（Harmodius）组织了一次针对雅典僭主兄弟的暗杀。原因是僭主的弟弟追求哈尔摩迪厄斯未成，转而在公众场合侮辱他的妹妹不是处女，无权参加泛雅典娜游行。

两人中的哈尔摩迪厄斯被当场杀死，另一人被捕后遇害。这次刺杀行动导致了僭主希皮亚斯的高压统治升温，最终无法忍受的雅典人邀请斯巴达人围城，结束了僭主的统治，克里斯提尼领导雅典人民在公元前508年建立了人类历史上第一个民主制度。

哈里斯托盖敦和哈尔摩迪厄斯的青铜塑像在公元前509年，即民主制度建立的前一年，被竖立在雅典的中心市集Agora中。塑像的底座上刻着一行话："当哈里斯托盖敦和哈尔摩迪厄斯刺向希帕科斯的时候，一道强光照亮了雅典。"

尽管pederasty（鸡奸）是一个让今天的我们见之触目惊心的词汇，但是在古希腊，从雅典民主创建这一刻起，paiderastia就和民主体制不可分割。这种关系强大到足以抵抗政治强权。这一对恋人被描述为雅典民主的奠基者，因为民主的自由既包括政治自由，也包括爱欲（性）的自由，一旦从任何方面被独裁者侵犯，都应该不惜用生命来抗争。

从他们被认作民主创建的英雄开始，这种同性关系也被提到跟"憎恨独裁者""追求民主政治"完全同等的地位，成为雅典城邦对每个公民要求的"公民素质"。如同其民主政治的其他规章制度一样，雅典城邦也对爱欲的最高范式做出了详尽的规定：

第一，在角色区分方面，必须是由一位年长的公民作为主动追求的一方，称为“erastes”（爱人），而未成年的一方则作为被追求的对象，称为“eromenos”（被爱人）。这种规定在形象制品上一目可见的区分就是“胡须”，年少的人美就美在没有胡须。而关于角色的主动和被动，是一个更加关键的问题。在雅典的性意识形态中，公民必须是主动的、攻击性的、阳刚的。只有非公民，包括外国人、未成年人、女人或“娘娘腔”才是被动的、柔弱的、阴性的。雅典男性成年正式成为公民之后，万万不可以再扮演被动的性角色，那不仅仅为人所不耻，而且会冒着丧失公民资格的危险。雅典法律规定：两个成年男子发生性关系，或者成年男子当男妓，都至少会被剥夺公民资格。而未成年的少年人尚未成为公民，可以暂时处于接受追求的被动方面，但在具体行为上仍有详尽要求，使其作为雅典接班人，避免陷入完全放任的被动状态。

第二，在行为规范方面，要由这位成年人来追求未成年人，追求的场合最好是公共场合，追求的方式要绝对带着“教育”的性质。这一性质将是“雅典之爱”关系的本质，以向少年灌输“美”的观念、男性的气质以及公民的责任为目标，绝对要求政治、哲学、体育、美学和工作技巧的“德智体美劳”全面发展，以将其培育为合格的公民，确保城邦的延续。在关系建立的初期，少年要拒绝甚至反抗这种追求，轻易就范会很难留下美名。男孩子的家长会雇佣一名特殊的仆人，在儿子出门的时候拿着棍子走在前面，驱散那些想进行骚扰的成年男子，这位仆人被称为“Pedagogue”，就是今天西方语言中使用的“教师”这个词的来源。

追求美少年的竞争是激烈无情的，因为被要求在公共场合进行，所以经常可以在雅典城中看见雅典成年男子因为争风吃醋而大打出手。这种追求也成为成年公民进步的动力：为了在运动馆吸引人，就要练就好身材和运动能力；为了在打猎场上显英姿，就要练就好箭术；为了在酒席间散发魅力，则要具备酒量、丰富的知识和辩论的才能。

当成年人“资质”得到了认可，并且确实让未成年人得到了启迪教育时，父母会以之为自豪，供养老师的生活，感情也被允许进入肉体阶段。这一阶段的规范从文字上来看是破碎罕见的，但是被一系列的“标准姿势”标注在古希腊形象志——彩陶中。如果没有留下彩陶，估计我们会很难了解古希腊的肉体生活。当时一个普通雅典人每日所需的就有不下三十种陶器，超过十万种被从1919年就开始的国际学术计划“古希腊陶器全集”（Corpus vasorum antiquorum）所记载，这个计划记载的还仅仅是公共收藏。出现在彩陶上的形象跟墓碑上的相比较，似乎是另一群雅典人：好动，好色，总是成群结队，喜怒形于色。

陶器中很大一部分是酒器，肉体关系的描绘也大多出现在酒器外表或酒器的底部，以供宴饮时欣赏，在酒神的护佑下释放情欲。其中关于 paiderastia“标准姿势”的第一步，是研究者总结的“上下其手”（up and down），即成年男子与少年正面相对，一只手抬起他的下颌，以观赏他的美貌，另一只手刺激他的性器官。这种姿态从公元前 6 世纪开始就在黑绘彩陶上频繁出现。这个姿势的要点在于一定要四目相对，虽然画面上不尽如此，但至少少年应该注视着长者的眼睛。哲学家亚里士多德对这种关系怀有敌意，他在《政治学》中挑剔地写道：“恋人们不能在眼睛之外观看任何别的身体部位，只有眼睛中才有纯洁。”

下一步则是在古代雅典法律中不被主张的情况：纯粹以肉体为凭借来获取性满足。如果发生，成年人只被允许把性器官放入少年的两股之中。这个动作要求难度较高，两人需始终维持正面相对，面部相对，不得采取任何身后的姿势，也不得进入身体内部。后面这两点如有违背，会遭到严厉的法律制裁，被剥夺公民权利甚至被判死刑。在美国密西西比大学博物馆收藏的一个公元前 6 世纪的黑绘三脚酒器上，描绘了三组男人，其中两组演示的就是上面两个步骤。如果严格遵循公民对被动性的禁忌，少年在整个过程中作为未来的公民，不能在这种“受”

的状况下表现出丝毫的愉悦，他必须保持淡定甚至严肃的神色，表现出他的“自控”能力。所以在彩陶的描绘中，少年人都是非兴奋的状态。这种不可能的状态被一些当代学者称为可笑的幻想。牛津阿什莫尔（Ashmolean）博物馆收藏的一个细脚盏（kylix）的内底，有一幅由公元前5世纪的著名画家布里托斯（Brytos）创作的希腊春宫图。布里托斯是阿提卡半岛上的一个多产的画家，他的红绘陶画以两点创新大获成功：第一是善于表现人物的年龄差别，孩子不再被表现为小号的成年人；第二是善于描画人物的嘴唇。在这张图上，我们看到成年人放下象征着权力和工作的枴杖以及头盔，呈性兴奋状态的坐姿，一手插腰，另一手抚弄少年毫无反应的性器官；未成年人站立在他的两股之间，身体有着明显不同的更柔和、中性的曲线，除了没有胡须之外，发型和面部轮廓也更单纯。他一手扶住成年人的后脑勺，另一手却后扬，拿着一个装满礼物的网袋，身体似乎费力地在迎向他的爱人，眼睛似乎在努力从对方的快意中解读出善意。两人的面部都按照规范毫无表情。仔细观察这幅图，我们就可以明白布里托斯成功的秘密：在严苛的规范中，不能直接表现 paiderastia 的肉体欢愉，但只要稍微描画出更柔美的少年体态，勾勒出巨大压力中最不易被人发现的情绪泄露点——嘴唇，就可以让古雅典人感到安全又性感了。

在这样严苛的规范中，一对男性恋人几乎是在进行高难度的表演。处于尚未在性活动中引入“笑声”的古典时代，他们感受到的应该是规范和压抑带来的巨大刺激。古代希腊黑绘和红绘陶画中的标准 paiderastia 情色形象，也总是带着一种僵硬、虚假、紧张、压抑，以及同样程度的神秘、戏剧性、优雅和性感。这形象的双面性就是一种有趣的提醒：“性”如同人类生活中的其他许多基本事实一样，本身是一件无比枯燥的事情。它神圣的枯燥激发出的妄想和幻象，才是人类生活得以盎然的营养。

雅典政治家、著名的演讲者阿斯基尼斯将军（Aeschines）把完全符合人物角色的规范以及技术动作规范的恋爱，也就是“弑僭主”者模式的恋爱关系，称为“正当的爱”（dikaios eros，英文翻译为 just love）。

好肉体，好公民

在一个以男性特质为“美”与“德”最高标准的社会里，“身体的强健与否”是一个审美议题，一个情欲议题，也是一个政治议题。在古代雅典人的逻辑中，一切审美都跟情欲相关，因为正如柏拉图指出的，情欲（Eros）的对象是“美”。同时，一切情欲都不能脱离政治，因为每个公民的“爱”（Eros）都必须指向城邦和民主体制。反向推知，一切政治取向也是审美和情欲的取向。这一点，其实于今人也不失其真。

从视觉上来说，古代雅典的人体影像数量一点不逊色于我们今天这个广告社会。唯一不同的是，今天我们看到的，绝大多数是女性身体，只有部分男性。而当年看到的几乎全部是男性身体，只有少数女性，裸露的程度还远远比不上男性。雅典城的神庙、市集、议会、柱廊、墓碑……甚至家中的装饰，喝酒的酒杯上，到处都是健美的裸男。情况有三分之一跟最原始的动物界一样——男性承担了作为情欲对象扮靓的责任；有三分之一却来自当时最先进的政治体制——扮靓脱离了生殖的基本冲动，而是要从政治上追求成为一个合格的民主社会公民；最后三分之一来自当时最高级的美学理论——美本身是阳性的、强壮的和攻击性的。

运动馆（gymnasion）是古代希腊城市的一个必需建设。它不同于比赛场，而是年轻人接受身体训练的地方，更类似于“健身房”。健身和运动的习惯是一项古代遗产，在古雅典，这几乎占去了男人白天一半的时间，特别是在他们还是少年的时候。人们从那时起，就已经开始请教练，研究健康食谱，选择合适的学校。在运动馆中，产生出两样热气腾腾的东西：阳刚的体魄和同性间的情欲。希腊人运动的时候都寸丝不挂，运动馆的词根 gymos 就是形容词“裸体的”。男人们只有在跑步时为了便利和安全而把生殖器官拴稳，所以运动馆是欣赏美少年的最佳场所。苏格拉底每天必来这里报到，他自己常去吕凯宫，但如果有美少年邀约，也会毫不犹豫地去别的地方。我们在柏拉图的对话录以及其他著作中，最常看到的描述，就是这位老师要和美少年去摔跤馆（palaistra）来场赤身肉搏。不过说到柏拉图，连他的这个名字也是他的健身教练起的亲昵绰号，因为他发现这位同学前额相当宽广，柏拉图的原意就是宽阔的高原。运动前他们都会浑身涂上橄榄油或其他香精油，大汗淋漓之后再用刮油板把汗垢和油一起刮掉。这就是为什么古希腊墓碑浮雕上的长者都随身挂着一个精油壶，那就像我们今天背着球拍或运动水壶一样常见。

公元2世纪的希腊散文家卢西安为男人应有的身体状态做了描述："年轻男子有着晒黑的肤色与阳刚的脸庞，展露精神、活力与男子气概。他们绝佳的体态引人瞩目：既非骨瘦如柴，也非肥胖过重，而是鲜明刻画出匀称的线条。他们挥汗去除多余的赘肉，只留下力量与韧性兼具，而且不带有病弱质量的部分。他们努力维持身材。"卢西安同时描述了糟糕的身体是"像女人的身体"，苍白、瘦削、松垮、虚弱。

古希腊创造了男体最理想的范式，他们的雕塑家世代都专注于寻找肌肉的比例和协调。从埃及学到的比例范式完全无法满足他们，正如贡布里希在《艺术的故事》中所言，埃及人相信知识，希腊人开始相信自己的眼睛。因为在日常中有很多近身观赏全裸健美躯体的机会，雅典雕塑家在美男子形象中的突破是迅猛完整的：首先做出了第一个圆雕，雕塑完全靠自己的力量站立，而无需后背支撑；紧接着完善了肌肉比例，在一系列“少年”（Kouros）的雕塑中，发明出一整套肌肉制服——两块胸肌，六块腹肌，人鱼线，马甲线，臀部坚实，大腿粗壮，小腿强健。而后又表现出运动中的肌肉协调反应：对立平衡（Contrapposto）代表作品为公元前480年的“克里斯提奥的少年”（Kritios Boy）。在一系列研究肌肉的大师雕塑家中，波利克利托斯（Polykleitos）在约公元前450到440年之间，塑造了世界上唯一一个不靠文字，而被独立称做“法则”（Kanon）的男性裸体雕像——执矛者（Doryphoros）。因为它表现出部分与部分、部分和整体以及运动中的肌肉配合的最理想比例。这个雕像使柏拉图最终承认美取决于比例。至今为止的男性健美标准，仍然根源于古希腊雕塑的呈现。

人们对身体的重视，也升级为对公民资质的要求。如果你有一个不良的身体，直接意味着你是一个不良的公民。苏格拉底曾经指责伊皮金尼：“你这种身体就是没有好好参加公众事务……你应该像奥林匹克运动员那样照顾自己的身体。”色诺芬也认为，公民必须锻炼身体，才能在战场和公众活动中表现出众。如同恋爱关系是必须接受公共监督的事件一样，身体的状态也被要求在公共空间接受评判。我们常常认为情欲和身体蕴含人类永恒的本性，政治则充满变幻的云烟，古雅典人对此似乎持有不同的见解。他们更同意“人是政治的动物”（亚里士多德），“法律是我们的爹娘”（苏格拉底），毫不纠结地将个人的欲望与身体置于公共政治的关照之下。

当身体向公共敞开的时候，自然包括了身体的任何器官，特别是代表性别的器官。男性器官及其状态，在当今世界是判定一个形象制品是否符合禁忌的核心标准，因为女性体征上的兴奋表现是模糊的。许多国家都禁止出现勃起的生殖器官，而在古代雅典则反其道而行之，最流行的形象制品莫过于“赫尔墨”（Herm）。

赫尔墨的造型确实跟希腊神祇赫尔墨斯（Hermes）有关。它的头部呈现为一个男子的头部，被说成是赫尔墨斯的头部，但实际的模特可能是真实的名人，尤其是哲学家、政治家和诗人。赫尔墨的身体是一块光滑的长方形的石碑，只在相应比例的地方，甚至为了强调而在过于靠上的地方雕刻出勃起的男性生殖器，比例往往偏大。这种雕塑在雅典城处处可见，被放置在家门口、路边、公共空间或者路途交接的地方。它的名字本意是“边界、界限”，用来区隔不同的地域，也被认为有驱赶邪灵的保护功能。

赫尔墨发源于希腊半岛的深山，人们把一堆堆石头放置

阿尔卡美涅斯的赫尔墨（Herm，Hermα），出土于土耳其的贝尔加马，公元2世纪罗马人所制的对公元前5世纪原作的复制品，大理石材质，高1.95米，现藏于伊斯坦布尔的土耳其国家考古博物馆。阿尔卡美涅斯为古雅典著名雕塑家。（绘图：张宇凌）

在交叉路口，非常像玛尼堆。每个路过的人都会给它增加一块石头，或者用油涂抹这些石头，据说这样就可保佑旅途平安。后来逐渐演变出头部，到了公元前5世纪的雅典，也就是paiderastia关系突然大流行的时代，演变出最后的形象：只有头和生殖器。这种形象演变的来源固然跟赫尔墨斯的保护功能有关：赫尔墨斯传递信息、保护商旅和在路途上的所有人，而且也是生殖神，护佑人的性行为和生殖行为。在世界各地的古典文化中，指路碑石和男性生殖器官的形象均不少见，但是将清晰的人头面部与之结合，又奇怪地省略其他一切细节，却是古代雅典文化的发明。雅典人中的典范，特别是文人，都有自己的赫尔墨像：苏格拉底，柏拉图，甚至女诗人萨福也曾被塑造为双性赫尔墨。写实主义的头面部，抽象主义的绝对立方体，再加之古典风格的夸张勃起的生殖器。构造赫尔墨，正如同古雅典人搭建他们的政治、情欲和审美体系，代表精神的头脑眼睛，加上代表生殖力的器官，结合了最原始和最先进的因素，为二者不遗余力地添加细节，同时戏剧化地将其主要形式构造为规范统一的长方形石块。这种人为创造的一厢情愿的结构，和古代雅典的社会规范一样，既强力天才，又隐含着脆弱和危机。

赫尔墨后来作为一种雕刻形式在罗马和文艺复兴时期重新流行，被改造为胸像加立柱的建筑雕塑，也用于支撑家具，只是越来越倾向于女性形象。专门用作支撑的“阿特拉斯”造型，据说也是受到赫尔墨形象的启发。至今都不乏有人继续用头像加长方柱的形式为伟人立像，只是似乎伟人的性器官再也不曾出现了。

除了遍布城邦、日日人人可见的赫尔墨之外，还有许多场合可以看见男性生殖器官：祭奠酒神的游行中会举着巨大的生殖器，羊人戏剧中的羊人一定会戴着它出现。德罗岛上有四个尺度巨大的器官雕塑被当作戏剧赞助人的纪念碑，下方的雕塑座上，还以长了小鸡身体和翅膀的男根作为装饰。

在古代希腊，在希腊的中心雅典，处处可见“阴茎的公共艺术”。相对于当代生活中的色情禁忌，它们展示起来却大方、直接，甚至充满公共精神和幽默感。

政治 Eros：阉割赫尔墨

Eros 是古代希腊神话中的一位神祇，一派说法认为他是原始天神中的一位，是宇宙中的第一批存在，直接产生于 Chaos。哲学家巴门尼德认为：“爱塑造了诸神中最早的那一位。”（残篇第 132 条）但更流行的说法把他当作阿弗洛狄忒的儿子，认为他手中的弓箭可以让中箭人陷入无法自拔的情欲渴望之中。古代希腊图像志中的 Eros 是一位年轻男子，正符合希腊人对美的拟人想象。到了罗马时代，渐渐变化为一个胖乎乎的叫朱庇特的男童。Eros 代表的是更具有肉体情欲含义的人类心理，而并非今天浪漫化的“爱情”。

雅典人有一整套关于 Eros 的理论体系，一点都不逊色于他们关于美和政治的哲学。这套理论中的“圣经”就是柏拉图的《会饮篇》。此文中每个人都必须歌颂的“爱”即 Eros，这些雅典最高贵聪明的头脑个个都不吝惜他们的溢美之词。斐德罗认为：“一个城邦或一支军队如果不是全部由相爱的人组成，又如何能有一种很好的统治，使人人相互仿效、弃恶从善呢？……他们人数虽少，但却能征服全世界。”这一幻像在后世的军队中不无现实的折射。最后柏拉图借苏格拉底之口，表达了 Eros 是追寻“美”的，但最终目的并不是具体对象的“美”，而是由此能让人感受从形体之美到体制之美，从体制之美到知识之美，最后直接沉思关于“美”的本质，这就是著名的“柏拉图之恋”。

伯里克利在公元前 431 年冬季发表了缅怀战死战士、鼓励雅典人民的演说。在演说中，他号召雅典人民投入对雅典的“爱”之中，直至这种情感“充满你的心头”。阿里斯托芬在他的剧本《阿卡奈人》中描述过一个色雷斯国王如此深陷于对雅典的迷恋，以致于他四处游走，在遇到的所有墙上写下“雅典太美了”。这句话在当时是街头涂鸦或酒器铭文的重要内容，但对象通常都是被爱的美少年。这位戏剧家也曾经讽刺伯里克利的继任者克里昂（Cleon），说他对人民的感情简直不像是爱人，而是娼妓。因为克里昂自己也曾经说过他是雅典人民的“爱人”，用政治礼物来讨好她们。

对祖国的“爱”，对城邦的“爱”，对人民的“爱”，这些我们今日熟悉的表达都源于古代希腊，而这政治情感的“爱”就如同对“美”的爱一样，是情欲之“爱”。

在古代民主的雅典，政治和性是相互定义的，只有男人才是公民，“公民”这个称呼本身就要以性别为基础。如前文所述，“弑僭主者”被作为开创雅典民主的英雄。虽然如他们一般的 paiderastia 的关系在古代世界早就存在，但这个故事使这种关系上升为“正当的爱”，与民主城邦生死相关，是社会教育和文化延续的最本质的保证。阿斯基尼斯将军将这种关系当作定义雅典“公民”（demos）的标准。他在法庭上声称，即使是每个陪审员，也会希望他们的儿子有这样的关系。为了将 demos 的身份加以区隔，要禁止奴隶跟自由男孩发生这种关系，并且禁止奴隶起名为哈尔摩迪厄斯或哈里斯托盖敦。从此，这种关系成为“民主的基本知识”。要想被承认为雅典公民，不仅仅需要热爱自由、反抗独裁，还必须追寻“正当之爱”。

在“正当的爱”中，主旨是“教育”和“美学”，最被强调的是人的自制。但对于普通人，只能依赖法律的强力控制。雅典关于情爱关系的法律出名地细致复杂，以至于鲍萨尼亚在《会饮篇》中反复说明雅典涉及爱情的法律虽优秀却难以掌握。比如两个成年男人之间的恋情是被禁止的，因为那意味着一人必须成为被动的角色；而纯粹对少年美色的追寻也是违法的，那代表了难以自控的人被肉欲所主掌。梭伦曾经立法禁止父母在天亮前把儿子送进学校，而且规定他们必须在天黑前把孩子接走。任何陌生人不得进入学校的领域。如果孩子不幸被委托给一个放荡的长者，那么这位长者不仅会失去学生家庭的供养，还将受到法律追究。根据梭伦的立法，引诱孩子、妇女、自由人或奴隶进入放荡行为中的人，面对的将是刑罚甚至死刑。

社会规范远远不够揭示社会生活的真相，规范的生产力就在于刺激人的僭越。在这种苛刻的规范之下，古代雅典人的某些无意识既无法对他人说出，也不会被自己承认：他们幻想那种被禁止的情欲生活，既包括将所有他人变为被动者的僭主式独裁，又包括听凭和承受他者为所欲为的被动和下贱。这种集合的情欲、美学和政治的多重妄想（Fantasy），很难被文字记述，却能从形象志上折射出来。陶器再次默默地成为集体无意识的表达者，无数种严重违背法律规范的方式在陶器装饰画面中出现：成年人之间的同性关系，后入的姿势，妓女或妓男，羊人的群交……大多数呈现为多人乱交的宴席（Orgie）。这种情态被大多数学者认为也在实际生活中发生，以一种不公开的贵族秘密仪式的方式。悲剧家欧里庇得斯在其生命的最后一年创作了《酒神的女信徒》（Bacchabe），讲述了一个酒神复仇的故事，其中表达了被压抑的人性本能具有的可怕力量，也详细描述了乱交宴席的情态。这部悲剧直到 19 世纪都被认为过于粗俗而不入评论家的法眼。欧里庇得斯当时居住在马其顿，剧中对宴席的描述过于翔实，以至于马其顿国王认为他违法偷窥了真实的“秘仪”，因为秘仪不被邀请是绝对不能参加的。国王也无法公布这罪名，只得在狩猎中安排人暗杀了这位悲剧作者。

欧里庇得斯创作和逝世的年代，正是伯罗奔尼撒战争爆发及雅典作为政治实体和精神意象都开始破碎瓦解的年代。公元前 415 年，就在雅典战舰即将出发远征西西里的头一天夜里，仅仅一夜之间，雅典几百个“赫尔墨”全部遭到致命的破坏：无一幸免地被敲坏脸部，砸掉生殖器。这个至今没有破解的案件在数名历史学家的著作中都有记载，其中最著名的是修昔底德的记录。据他所言，这个现象一方面造成了巨大恐慌，雅典人认为这是远征的一个大恶兆；另一方面，他们也认为是西西里人或者雅典人中同情斯巴达的一派故意破坏，企图颠覆民主制度。因为雅典的每个男人就像赫尔墨一样，用他们的头脑和男性勇气，保护着家庭、道路、城邦的边界。阉割赫尔墨无异于挑战城邦公民的集体男性气质，无异于把他们全体变为了“被动”的角色，也就等同于挑战民主城邦体制本身。而其中遭到最大怀疑的，竟然是著名的风流美男子、远征西西里的率队将军阿尔基比亚德。混乱的社会局面和混乱的性幻想结合在一起，当然影响了战争进程，导致西西里远征的失败，修昔底德甚至认为这导致了城邦的毁灭。因为这位美男子将军曾经是苏格拉底的学生，这个事件也被列为苏格拉底的罪行之一，间接导致他的死亡。

修昔底德在《伯罗奔尼撒战争史》中记录这件奇怪而混乱的事情时，加上了一句令人不安的评论：“他们（雅典公民）也知道是斯巴达人，而不是他们自己或哈尔摩迪厄斯推翻了僭主，从那之后，他们就总是心怀畏惧，对接近一切事物怀着疑虑之心。”

阉割赫尔墨事件直接导致了“弑僭主者”的神话在这里遭到质疑。他们所代表的“正当的爱”，也如结构奇特的赫尔墨一样，于头脑和器官、思想和情欲首尾两端具有被攻击的可能。“雅典之爱”这种首先在精神中被规范至完美的“纯洁关系”，这种体现了优雅、文明、强大自制的男性妄想的情感，随着这场战争一去难返。但是它却在人类文明的古典时期，呈现了“爱欲”与“幻想”并发的事实和伟力。古代雅典人用它追寻美与善，强力创建了一个充满逻辑同时不可思议的文明，跟今人的似乎完全不同。但想想每一个人的第一位肉体开发者会在精神或无意识中留下的烙印，就可以想见，当一个社会把性启蒙和信念启蒙加以体制化结合，是多么疯狂却强大的手段，也就不难理解为什么这种启蒙关系重如生死，会被雕上墓碑。

再回到雅典考古博物馆的那块墓碑上来，两位主角从陶器走上墓碑，保持他们永恒的面面相对的姿态，保持他们刻画精美却毫无表情的面容。两个年龄，两个自我，雅典之爱中从无合二为一的结合，总是截然对立的二人。他们相互间的探索和问询到了死亡之时更加迷茫：到底是激情还是悲痛？快意还是善意？肉体还是精神？……墓碑上的两个爱人似乎正渐渐回归为两个陌生人，投入到自身体内的无限景致中去，或许那才最终是“美”本身之所在。

一个文明如果在人类精神层面增加一丝新结构，已堪称伟大，古代雅典却毫不迟疑地进入了精神结构的地基，在人类情欲和无意识深处打下了一个古希腊文的有关美和民主的标记。

我希望把便当当生活，
每天做好，过好。

吉井忍

單厨
OWSPACE CAFE

□ 书评

237 沈昌文的小书架

239 文、学、史的大手笔：米尔斯基《俄国文学史》
江弱水

257 作为僵尸的历史：麦考莱《英国史》
刘铮

沈昌文的小书架

沈昌文，出版人，1931年生于上海，1951年从上海私立民治新闻专科学校肄业，后考入人民出版社工作，先后担任校对员、秘书、编辑、主任等职。1986年至1995年，任生活·读书·新知三联书店总经理兼《读书》杂志主编。《读书》也因其学术与大众读者共赏的文化品位，成为九十年代中国文化界最为著名的杂志。著有口述自传《知道》和随笔集《阁楼人语》等。（前页及本页摄影：松鼠）

一部伟大的文学史，能够提升对于一国文学整体的思考水平。以文采、学问、史识三个向度来衡量，米尔斯基有多好，别的文学史就有多不好。

文、学、史的大手笔：米尔斯基《俄国文学史》

撰文 江弱水

怎么说呢，我像一个自信的病人，长久而无望地迷恋着俄国文学。当年纳博科夫就是这样说爱德蒙·威尔逊的。俄文我一个大字都不识，威尔逊至少还学了点俄语。但纳博科夫说，威尔逊想对自己译注的《叶甫盖尼·奥涅金》吐槽是不严肃的，我现在来给米尔斯基（Dmitry Petrovich Svyatopolk-Mirsky）的《俄国文学史》点赞，当然也是不严肃的。但是对我来说，俄国文学不是知识，甚至也不是信仰，只是一种病。与我同病的人全世界多得很。这也就是为什么我们老是要想到俄罗斯，不管有没有来由，无不无厘头。库切的小说《凶年纪事》整本都在说别的事儿，结尾却要向俄罗斯母亲致以谢意，谢谢她的托尔斯泰和陀思妥耶夫斯基给予我们的感染。聂绀弩读了沈从文写湘西生活的短篇小说《丈夫》后，击节称赏说："真是伟大的、俄罗斯式的悲哀！"还有我的一位朋友在英国一个乡村的夜晚写诗，说是起雾了，月亮如凋敝的思念，"带着俄罗斯式的苦难"。凡此种种，都说明俄国文学不是别的，是一种病。

我与米尔斯基相见恨晚。他讲俄国文学讲得这么好，句句都在我意中，句句都出我意外，我就好像走夜路的人找到了灯，看病的人找对了医生。他这两卷本《俄国文学史》的英文原著——《俄国文学史：从早期到1881年陀思妥耶夫斯基之死》（*A History of Russian Literature: From the*

Earliest Times to the Death of Dostoyevsky, 1881） 和《当代俄国文学，1881—1925》(*Contemporary Russian Literature, 1881-1925*)，于1926和1927年相继问世，早已是英美大学生修读俄国文学专业的首选参考书，而中文版2013年才由刘文飞译出，由人民出版社印行。可惜，好几代中文读者已经错过。对于这几代人，俄国文学尽管是其情感教育的必修课，却也是自修课，因为没有参考书，因为所有的参考书都无非是从别林斯基到列宁的一揽子关于俄国经典作家评论的评论，而所有的文学史就是这些评论的汇编。“最清醒的现实主义”“俄国革命的一面镜子”，诸如此类的无头公案和伪命题，就像车尔尼雪夫斯基说“美是生活”，说了等于没说。所以，多年以来，对于俄罗斯的文学大师，我从来只读作品，不看评论，更不用说文学史了。我第一次读的《俄国文学史》就是米尔斯基的，足以庆幸自己的起点之高。噢，三十多年后再出发的起点。

一

读米尔斯基的两卷本，好比与这位公爵同志把臂同游于俄罗斯文学长廊，听他信步走去，一一为你指点评说。跟一般的知音型读者不一样，米尔斯基总是居于超然的地位，驱遗事实，紧贴思辨，面对那些强有力的或者较弱的文本，他剖析、提炼、总结、贯通，谨慎而流畅地对待每一个作家、每一个部分。他胸有成竹，调动庞大的资源，却举重若轻，不依赖他人的评语做旁证，连引文都几乎用不着——“用自己的语言对其进行归纳或许是一种冒犯，引用若干片段则有损于它。”(II.1.2)。所以他能一无依傍，而直指心源：

塔吉雅娜和奥涅金的关系模式后来常在俄国小说中复现，然而，普希金的经典态度，即针对男性不带怜悯的同情和针对女性不予奖赏的尊重，却从未再现。(I.4.4)

托尔斯泰是弗洛伊德的先驱，但艺术家托尔斯泰和科学家弗洛伊德之间的惊人差异却在于，这位艺术家显然比那位科学家更少想象力，而更加实事求是、客观冷静。与托尔斯泰相比，弗洛伊德就是一位诗人，一位民间故事讲述者。(I.8.1)

作为剧作家的高尔基只是契诃夫的一名坏学生。“坏”一词纯属多余，因为剧作家契诃夫不可能拥有好学生。(II.3.2)

梅列日科夫斯基的这一新世界以及其神秘的连线和对映的两级，对于那些一代又一代饮用理想主义色彩的实证主义清淡啤酒的读者而言极具诱惑力。(II.4.3)

米尔斯基这样评价别林斯基：“他总能近乎无误地指出，

其同时代中人谁有真才实学而谁徒有虚名，何人重要而何人仅为二流。”他又称许屠格涅夫：“实为彼得堡文学之魁首，其判断和决定均具法律效应。”米尔斯基的判断和决定精切无比，同样具有法律效应。

俄国由于社会历史发展的不正常，形成了思想文学化和文学思想化的奇观，作家与作品普遍具有“思想超载”和“道德超载”的特点，很少有人强调文学的形式和技巧，哪怕果戈理和托尔斯泰等均为世界文学中一等一的技巧大师，也偏偏都不大讨论技巧。别林斯基、车尔尼雪夫斯基和杜勃罗留波夫这三驾马车的文论，按照米尔斯基的说法，只把文学当作社会生活的地图、照片、布道文，美学维度付之阙如，他们对工作和技巧的蔑视与对思想表达的热望毒害了俄国文学，以至于什克洛夫斯基会恨恨地说：“我仇恨别林斯基和其他所有杀害俄国文学的凶手（所幸他们并未得手）。”纳博科夫将托尔斯泰和陀思妥耶夫斯基的作品看作青春期读物，说有益于他们思想的成长，其实也是对这一风气大大的不满。

米尔斯基的文学史，在俄国文论的社会批评传统之外，引入了美学的考量。他对作品的结构和节奏经常做出精到的分析，令人信服。比如《战争与和平》中整章整节关于历史哲学的议论，读者既感困惑，批评家也持非议，米尔斯基却一句话打发掉我们的疑虑：“这些理论性章节为这部伟大小说的巨幅画面添加了不可或缺的景深和智性氛围。”契诃夫小说相对朴素的外观，让大家对其形式技巧很容易掉以轻心，但米尔斯基却为我们指出其中音乐调性的秘密：

他的小说既是流动的，又一丝不苟。他用非常复杂的弧线构造故事，可这些弧线却经过最为精确的估算。他的小说由一连串的点构成，依据这些点，他能在意识的乱麻中理出一道道明晰的线条。契诃夫擅长追溯情感过程的始初阶段，他能指出偏离的最初征兆，但在普通人看来，在与之相关的人看来，那条新出现的曲线似乎仍与直线相交。那起初很难引起读者注意的轻微触及，却能暗示出故事的发展朝向，此后它便作为主旨不断重复，伴随着每一次重复，弧线的偏离越来越明显，最终与那条始初的直线分道扬镳。《文学教师》《约内奇》和《带着小狗的女人》均为这种情感弧线的完美范例。（II.2.9）

看得出，米尔斯基平视他的对象，有一说一，有二说二，而且说一不二。有细致的分析与强有力的理据支撑，他的结论总是显得那么师心自用，却又坚而难移。不妨再引一段有关契诃夫的评语，从中亦可见米尔斯基的比较视野带给他的精审目光，这也构成这部文学史的一大特色：

与司汤达和法国经典作家一样，却与托尔斯泰、陀思妥耶夫斯基和普鲁斯特不同，契诃夫研究的是“普遍的人”，作为种类的人。但与那些经典作家不同，却与普鲁斯特一样，他关注的是最微小的细节，是灵魂的“鸡毛蒜皮”和“细枝末节”。司汤达诉诸心理的“整数”，他跟踪心理生活有意识、有创造力的主线。契诃夫则关注意识之“微分”，关注其无意识的、不由自主的、消融毁灭的次要力量。（II.2.9）

米尔斯基的文体意识超强，对语言极度敏感，能够触摸到文本的肌理，感觉到语句的涩、滑、松、紧、清、浊。比如说，巴拉丁斯基的诗句具有某种“易碎感”，恰与普希金的弹性张力构成极端对比；果戈理的散文“密实饱满”“充满真实口语的震颤”；别林斯基写得“糟糕”，要对俄国新闻文体可怕的松散和凌乱负责；屠格涅夫对词语没感觉，语言与他只达成一个极其有限的契约，超出19世纪的日常现实就不提供服务；托尔斯泰后期的散文如化学般纯净，是地道的“清教式散文”。鉴于这部文学史面向的是不谙俄语的西方读者，他还特别引入了“可译性”这一标准来测试俄国作家的语言质地。果戈理太复杂，“他的散文无望被译，其难以翻译或许胜过任何一种俄语散文。”（I.5.8）相反的例子是：

契诃夫的俄语亦为其一大软肋。他的俄语没有色彩，缺乏个性，他没有对词的敏锐感觉。没有任何一位如他一般重要的俄国作家，会使用一种如此缺乏色彩和生气的语言。这使得契诃夫极易被翻译。在所有俄国作家中，他最不担心译者的背叛。(II.2.9)

高尔基的语言也是“中性的”，其单词仅为符号，而无其独立内在的生命。除某些口头禅外，它们可被视为来自任何一门外语的译文。(II.3.2)

向一部文学史要文采，等于向一位法官要姿色，但米尔斯基思维缜密似老吏断狱，词锋轻盈又如时女游春，行文中华彩处处，又不时浮现出一种善意的幽默，令人会心不远。拿第二卷第五章第九节写勃洛克为例：

他具有堕落天使的天生的高贵，认识他的所有人均能在他身上感觉到某种崇高品质。他非常帅气，可以当作现今所谓“北欧血统”的出色样板。他是多条传统线的交汇点，他既很俄国也很欧洲，更何况他还是一位混血儿。

这是一团词语的星云，在外行读者看来仅为语言音乐。它最好不过地呼应了魏尔伦的规则，即“音乐，首先是音乐”。后来，在《陌生女郎》一剧中，勃洛克让一位诗人（显然是一幅自嘲的自画像）在餐馆里给一个伙计读他自己写的诗，伙计听后评论道："听不懂，不过相当精致！"不算少数知音，勃洛克那些早期崇拜者的态度与这位伙计大体一致。

使《十二个》成为一部伟大长诗的因素并非其智性象征主义，重要的东西不是它意味着什么，而是它是什么。勃洛克的音乐天赋在这部作品中达到巅峰，自格律结构角度看，这部作品是一个"罕见的奇迹"。

在中国文学史著作里你看不到这样精绝的评点，自如的挥洒。也许钱锺书的《宋诗选注》分论各位诗人的文字能给我们同等程度的阅读愉悦，但那些算是折子戏的串演，米尔斯基却是要演上好几天的连台大戏，其体制决定了他可以在一个广大的幅员里纵横驰骋，音调断而忽续，主题变中有同，有如一部交响曲。比如我读米尔斯基论陀思妥耶夫斯基的两个专节，分明就像倾听一个雄辩的乐章。而其中关于其思想小说的分析以及与托尔斯泰的对比，我从中得到的，超出读梅列日科夫斯基和乔治·斯坦纳两人专著的总和。《淮南子》说，中衢之尊，过者斟酌，多少不同，各得所宜。"是故得一人，所以得百人也"。是的，一个米尔斯基，顶得上一百个什么什么斯基。

二

有米尔斯基的这个两卷本作为起点的人有福了。此书精见迭出，而且极具原创性，一般读者固然能通过它窥见俄国文学的室家之好，饱学之士也能从中得到宝贵的启迪。所谓残膏剩馥，沾丐后人多矣。下面我举两个例子。

我觉得，米尔斯基对果戈理的阐释，是纳博科夫《尼古拉·果戈理》一书的起点。而他对赫尔岑的解读，又是以赛亚·伯林《俄国思想家》一书的起点。

果戈理是一位现实主义作家，是对俄国当时官僚体制和社会生活无情暴露与辛辣讽刺的天才，这一点已成共识和常识。但是纳博科夫却说，如果你想找到什么关于俄国的事情，如果你感兴趣的是“观念”“事实”和“信息”，请远离果戈理。“要在《死魂灵》中寻找真正的俄国背景，就像试图根据浓雾中的艾尔西诺那个小事件生成关于丹麦的概念一样徒劳。”连其中描写俄国大地风景的文字也不能据以为实，“这是果戈理个人的俄国，不是乌拉尔、阿尔泰、高加索的俄国。”因为果戈理创造的是一个变焦了的四维世界，是非理性的颠倒梦想，是纯粹想象的结果。总之，果戈理是一个梦幻文学作家，一个非现实主义者。

这真是颠覆性的看法，相当于告诉你面前的那只鹿其实是马。可是且慢，纳博科夫这本1944年出版的《尼古拉·果戈理》的小书（刘佳林译，广西师范大学出版社2010年版），其根本观点在米尔斯基文学史的第一卷第五章第八节早已得其先声：

果戈理既是现实主义者，又是非现实主义者。他眼中的现实并非现实本身。

果戈理的作品并非客观的讽刺，而是主观的讽刺。《钦差大臣》和《死魂灵》是对自我的讽刺，若称其讽刺了俄国和人类，亦为作为自我之反映的反省式自我描摹。

显而易见，纳博科夫将米尔斯基试图平衡的观点用极端的方式表达出来，但果戈理“非现实主义”一说的专利，还是应归于米尔斯基。米尔斯基赞叹果戈理全凭想象力塑造人物，给予主观漫画化，笔触轻盈而精确，描绘一个意外的真实竟能够使可见的世界相形见绌，这些话都经过纳博科夫的改写和扩写。比如米尔斯基发现：

果戈理之天赋的主要特征，即其十分锐利鲜活的视力。他眼中的外部世界与我们通常所见的并不一致。他之所见是经过浪漫主义变形的世界，即便他与我们目睹同样的细节，那些细节在他眼中也会变换比例，显示出全然别样的意义和体量。

纳博科夫也就用了“四维”和“空间曲度”之类的现代物理学概念，来浓墨重彩地复述了一遍米尔斯基。米尔斯基说果戈理喜欢夸大人物特征，再简化为几何图案，纳博科夫便一笔带出非欧几何。所以，当他说读了果戈理之后，我们的眼睛会果戈理化，我相信他一准会想到米尔斯基勾勒出的果戈理那双奇妙的复眼。

就连纳博科夫在《尼古拉·果戈理》兴会淋漓谈了十多页关于果戈理表现“庸俗”的问题，也是来自米尔斯基。当纳博科夫说，“俄语能用一个无情的词语表达某种普遍存在的缺点，而我碰巧掌握的其他三种欧洲语言却没有这个专门词”，而这个词就是“poshlost”（庸俗）。也许他早就忘了米尔斯基已经要言不烦地写到了果戈理：

他在现实中所关注的层面是一个很难被翻译的俄语概念，即“庸俗”（poshlost），这个词的最佳翻译或许可以是道德和精神上“自足的自卑”（self-satisfied inferiority）。

他是一位伟大的禁忌破除者，一位伟大的禁区摧毁者。他使庸俗占据了从前仅为崇高和美所占据的宝座。历史地看，这便是其创作最重要的层面。

而纳博科夫谈起果戈理小说“不相关的细节之流”，我相信也一定受到了米尔斯基经常提到的“多余的细节”（superfluous details）的启发。

至于以赛亚·伯林《俄国思想家》一书受米尔斯基的恩惠，刘文飞《俄国文学史》译序中转引的牛津大学教授杰拉尔德·史密斯（G. S. Smith）的一句话，已经泄露了天机：“米尔斯基关于赫尔岑启蒙自由主义的分析无疑对以赛亚·伯林本人关于赫尔岑的阐释产生过影响，伯林关于赫尔岑的阐释则是他对俄国思想所做阐释的基础。”

的确，陆建德曾说：“《俄国思想家》一书中真正的主角是伯林素来佩服的赫尔岑。”此书有彭淮栋译本，由译林出版社 2001 年出版，其中最重头的一篇《辉煌的十年》以及《赫尔岑与巴枯宁论个人自由》，尽得米尔斯基《俄国文学史》第一卷第七章第三节关于赫尔岑的短论之精义。米尔斯基认为，赫尔岑在政治史、思想史和文学史上都占有同等重要的地位，任何一部俄国思想史都不能不探讨赫尔岑的许多观念：

其思想的核心也始终是自由而非平等。很少有俄国人如赫尔岑这般强烈地意识到个性的自由和人的权利。

他的思想主要为历史思想，他将历史理解为一种自发的、非预设的、不可估量的力……他发现了形成过程中的“创造性”，认为每一个未来之新均相对于每一个过去而言，他那些对一切宿命论思想、对一切引导人类历史的外在理念之作用进行批驳的段落，属于他写下的最精彩文字。

好了，这已经给伯林的《俄国思想家》定了调了。他好像从导师那里刚刚谈了话出来，豁然开朗，知道自己的论文朝哪个方向做了。他那些神完气足的引述、分析和证明，那些对自由人文传统的梳理，对决定论进步哲学的批判，以及对赫尔岑智慧的广度、智性的公正及其对历史直觉的精深所做的评价，看得出都是对米尔斯基尽情而出色的发挥。伯林没有在文中致谢米尔斯基，是个不小的疏忽。

伯林写《托尔斯泰与启蒙》，开篇即引尼古拉·米哈伊洛夫斯基（Nikolay K. Mikhaylovsky）的《托尔斯泰的左手和右手》(1875)一文，说它从思想和道德两个方面为托尔斯泰作了精彩辩护，并分析了其观念中的一个内在冲突。伯林谦称自己以下的评论只不过是对米哈伊洛夫斯基“加以引申注释而已”。这种谦逊的风度会迷倒所有人，可是他第一句话就不够诚实，说这是“在1870年代中期的一篇业已为世所忘的文章”。谁说忘了？米尔斯基文学史的前后两卷，两个讲托尔斯泰的专节，都提到了这位“精明的批评家”“极其敏锐的批评家”，能够发现托尔斯泰世界观中真正的革命性基础，并能够预见其后来的思想发展。而在“激进派的首领们”那一节，米尔斯基也专门提到了米哈伊洛夫斯基和他论托尔斯泰的这篇文章：“他以惊人的判断力预见托尔斯泰思想实质上的无政府主义根基，这一根基派生出托尔斯泰后来的社会学说。”（I.7.4）

具体到托尔斯泰的写作手法，我只须将伯林与米尔斯基的一段文字并置，读者自可分辨其间的互文关系：

托尔斯泰之天才，原在于能重现难以重视之物而精确入妙：巧摄个体完整、难以移写之个性，灵现如神，引使读者切悟客体直即目前之本相，而非仅见一平白应付之描述；为造此境，他运用能凝定某一经验特质的象喻，而力避一般语词，俾免其因为偏利于事物通性而漏失个别差异——“感觉的振动”——以至于特殊经验与类似事例浑连不分。（伯林，《刺猬与狐狸》）

这种细致解剖、探究原子的手法后被什克洛夫斯基称之为“陌生化”。此方法之内含为，从不以被普遍接受的名称来称谓复杂的事物，总是将一个复杂的行为或对象分解为众多不可再分的组成部分，它仅客观描述，而不指名道姓。这一手法自周围世界剥离那由生活习惯和社会习俗附加上的标签，展示其“非文明”面貌，一如亚当于创世首日之所见，或一位天生的盲人初识天地。(I.8.1)

纳博科夫和伯林均受益于米尔斯基，而后者所得尤多，但两人对米氏文学史的评价高低不一。纳博科夫是推崇备至：“是的，我十分欣赏米尔斯基的这部著作。实际上，我认为这是用包括俄语在内的所有语言写就的最好的一部俄国文学史。”伯林却有赞有弹：“米尔斯基的评判十分个性化，但他提出的史实往往并不准确。”“他不是一位有条理的批评家，他的著作中有大量随心所欲的遗漏。”史密斯教授反驳说：怎么会？米尔斯基堪称完美。我读到这里，想到的是陆建德在其《思想背后的利益》中有关伯林的诸篇所谈到的此人的心机。

三

一部伟大的文学史能够提升对一国文学整体的思考水平。英美的学子有米尔斯基打底子，对俄国文学的思入不可能陷于庸常。中国文学就缺这样一部文学史。坊间虽有上千部，不沦为点鬼薄、户口册、流水账者几稀。我翻看刚出版的《哥伦比亚中国文学史》三巨册，发现王渔洋讲了七页，而老杜居然只得两页，就觉得新鬼大、故鬼小，很不靠谱。学界评价很高的夏志清《中国现代小说史》，引钱锺书的《围城》一口气能引六页半，而鲁迅的《故事新编》六行半就打发掉了。唐纳德·戴维（Donald Davie）评价说，米尔斯基两卷本《俄国文学史》，犀利深刻却又趣味宽容，结构出色而又比例得当，是文学史写作的样板。如果拿这个标准来看林林总总的各类文学史，那真是六宫粉黛无颜色。总之，以文采、学问、史识三个向度来衡量的话，米尔斯基有多好，别的文学史就有多不好。

《俄国文学史》（上下卷）
（俄）德·斯·米尔斯基著，刘文飞译
人民出版社 2013 年版

"所有的历史都是平等的，但一些历史比另一些历史更平等。"历史在我们面前，不再是一个均质的空间，历史时段、历史事件、历史人物纷纷到我们这里来要加权、要区别待遇了。我们……得另搞一套历史感觉的拓扑学。

作为僵尸的历史：麦考莱《英国史》

撰文　刘铮

对麦考莱的《英国史》，一般的介绍会说，它是19世纪最畅销、最受欢迎的史书，但往往不忘补上一句：尽管现在几乎已经没有人再读它了。

可是今天，《英国史》在中国同时出现了两部汉译本（虽然都只是五卷中的第一卷），我们要不要读它呢？假如要读它，我们是不是有什么特别的理由，才有别于几乎一整个世界的读者呢？

一

只要稍微留意一下对《英国史》的近代评价，我们就不难发现，贬低、轻视、讥嘲……已经成为主流；与维多利亚时代读者的狂热反应形成对照，现在我们是要在批评、挖苦的字缝里苦苦寻找那些不太情愿、经过重重保留的称许了。

试着将近代学者指出的麦考莱《英国史》的缺点加以总结，大致就是以下这些：粗疏、狭隘、武断、肤浅。

麦考莱写《英国史》的时候，曾以同代的几位历史学家的著作为基础，可是他的作品在史料搜集、辨析上远远够不上专业，后出的反不如前人的精密。阿克顿爵士（Lord Acton）曾评价说："他对 17 世纪以前的历史缺少值得重视的知识；他对外国史、宗教、科学和艺术一无所知。"当代历史学家安格斯－巴特沃斯（L. M. Angus-Butterworth）揶揄说："可能从来没有一位史学家做了这么少的研究，懂得这么少的东西，便来写书。"（见 *Ten Master Historians*，University Press，1961；此书关于麦考莱的一章几乎把他奚落了个够）查尔斯·弗斯（Charles Firth）专门写过一本挺厚的《麦考莱英国史衡估》（*A Commentary On Macaulay's History Of England*），在评定其优长之余，也历数了《英国史》的缺陷。其中重要的一条，是说麦考莱“心胸不够开阔，接受不了新观念、新史料”。在麦考莱心目中，奥兰治的威廉是大英雄，作为敌对方的詹姆士二世就不免沦为奸角。弗斯说：“同样的事情，发生在詹姆斯二世身上就是罪行，发生在威廉三世身上，只算无伤大雅的小过”。弗斯还说，麦考莱为党见所囿，“他看托利党人的缺点总比看辉格党人的毛病敏锐得多”。麦考莱为了铺陈自己的见解，甚至为了行文方便，常常罔顾史实所处的时代。苏联的学者就不无调侃意味地写道：“俄国史学家 M. 彼得罗夫公正地指出，‘任意’处理事实，是麦考莱一切著作的特点。”（见维诺格拉多夫《近代现代英国史学概论》，三联书店 1961 年第一版，第 35 页）生活中，麦考莱的确是个俗人，享用了什么好的吃食，总是津津乐道。这种气质也渗入著作当中，马修·阿诺德就认为，这位史学家似乎集英国中产阶级庸俗之大成。麦考莱对人性的高深与幽微缺乏体察，有时或者干脆就懒得去体察，因此，他的史著的脸谱化倾向相当明显，英雄豪杰也显得俗气。总归一句话，如史家阿瑟·布莱恩特（Arthur Bryant）所说：“麦考莱工作之际，即英国史学处于最低水准之时。”

既然如此，那当年《英国史》问世之初，何以英伦上下举国若狂？总该有不凡的长处才对吧？

麦考莱的文章气势很盛。小塞吉维克（H. D. Sedgwick, Jr.）在1901年替美国刊行的五卷本《英国史》写长篇导言时，就归纳说，麦考莱的文风胜在“雄健、直率、斩截”。在维多利亚时代，普通人对大人物这种雄辩滔滔的劲头儿是没有抵抗力的，几个排比句砸过来，读者就拜伏在地了。

然而，这种雄肆的文风，其实是与对事实的不尊重互为表里的。小塞吉维克对此有一段精妙的解说。他说，麦考莱绝无色挠游移之态，笔下亦绝无饰词遁词，从来不说“可能”、“也许”，也从未写过“详情未悉”、“史料记载各不相同”之类的话。从来不说“可能”、“也许”，也就把一切现实与思想的暧昧、含混、复杂之处敉平了；将历史打磨得光滑平整，如同滑梯一般，论断、评判自然下得容易、下得斩截。专业史家对麦考莱的鄙视，也往往根源于此：是的，我们的文字是疙疙瘩瘩、累累赘赘，下一个小判断不知要限定和找补多少回，当然不像你的文章顺流而下、风行草偃，但我们写的那才叫历史，因为历史本身就疙疙瘩瘩、影影绰绰、矛盾丛生，有时我们甚至像那摸象的盲人，不知自己所执是象尾，还是象腿。

小塞吉维克的看法是公道的。他说，大街上有消防车呼啸而过，人们就会走近窗口看个究竟，那响动要是柔和一点，兴许就吸引不到人去看了。麦考莱的文笔，有点像铿锵的军乐，正赖此令读者感奋。宣传家、鼓动家就该是这种笔调，不像被蒙上双眼的正义女神，要小心翼翼地维持天平的平衡，挑一些“假若”、“不过”、“然而”之类的字眼来当调节的砝码。

在任何时代都一样，一本书受欢迎，并不一定因为书本身写得好，重要的是，要让普通人读得懂，而且要让他们感觉“这本书可能真的很好”。麦考莱自己的追求是什么呢？他说过：“除非有朝一日我写的东西能超过少女案头摆放的当下流行的小说，否则我是不会心满意足的。”欲与流行小说竞爽，怎么能不用讨好读者的文笔来写呢？

我们不妨再做一点细部的考察，看看麦考莱的文字功夫究竟如何。他这样描写受审时的泰特斯：“他那像獾似的短脖子和畸形腿，如狒狒般的低矮额头，紫色的脸蛋，以及令人吃惊的长下巴，曾令所有频繁出入法庭的人记忆犹新。”（《麦考莱英国史》［卷一］，周旭、刘学谦译，第 331 页）他引用旁人的话来形容乔治·杰弗里斯的声音：“他狂怒般的叫喊听起来就像末日审判时的雷声。”（同上，第 308 页）獾和狒狒在文本里蹦跳，这是典型的 19 世纪末流文风。至于“末日审判时的雷声”，谁又听到过？

文评家圣茨伯里（George Saintsbury）有一个观察相当

敏锐，具有心理学的精确度。他说，一般大众和麦考莱的想法相同，用买书的方式与他彼此呼应。麦考莱受同代读者的欢迎，原来不是因为他比读者高明多少，而是因为他并不比读者高明多少。

二

我们已从几个侧面指摘了麦考莱的《英国史》，那么到底这部书还有没有优点呢?

总不能说它一无是处。首先，这部书全名为《詹姆斯二世登基以来的英国史》，事实上只写到威廉三世辞世就中断了，从1685年到1702年，仅仅不到二十年的光景，就居然写了五大卷，无论如何，详细总归是这部史书的长处；其次，书的第三章，通常题为“1685年英国概况”，用的是通盘总括的写法，被认为是有益的“社会史”尝试。当然，这里要加两点限定：一、即便在英国史家里，麦考莱也绝对算不上“社会史”的开山者；二、全书中，“社会史”的写法也只出现了这么一次，总体来看，《英国史》仍是一部专写帝王将相的传统政治史书。

尽管有不少论者指出，第三章所述史实，其实有不少是稍前或稍后时代才存在的，麦考莱未加辨析都给烩在一起了，但我们今天来读第三章，还是不能不佩服麦考莱的机敏。目前通行的企鹅出版社《英国史》精华版，是由著名史家休·特雷沃－罗珀（Hugh Trevor-Roper）编选的，他从第三章里摘出的是对乡绅与牧师两个群体的描述，必须承认，这一描述精彩极了。麦考莱指出，当时的乡绅（squire）跟后来人们想象中的乡绅根本不是一回事，他们相当粗野，没见过什么世面，趣味和言辞跟普通的农民几乎没什么差别，因为僻处一陬，头脑僵化，他们的保王思想也最强烈。而乡间牧师呢，地位其实相当低下，年俸微薄，要在富人家里过寄人篱下的生活，娶妻也只能娶富贵人家的婢女，正经书籍没读过几本，学问当然是谈不到的。但你若以为既无地位又无学识的乡村神职人员不会有什么影响力，那就大错特错了。麦考莱指出，17世纪的布道坛对民众的影响力，就如同19世纪的期刊。乡下人本来就没有多少复杂的想法，每周听牧师在布道坛上长篇大论，等于一次次被“洗脑”。所以麦考莱说牧师讲道“其左右人心的效果令人战栗”（同上，第225页），并非夸大之词。

第三章里还有许多有意思的记叙。比如，在17世纪的英国，戏剧盛行，为迎合观众的趣味，最粗俗猥亵的台词偏偏安排给最受欢迎的女戏子来念，台下的男观众当然魂不守舍。再如，当日的作家文士不可能靠卖书赚钱，他们都向显贵“纠缠不休地行乞”或“卑贱地献媚”，在把作品题献给赞助人之后，等着人家赏钱。麦考莱评论道：“独立、诚实、自尊，与这类作家毫无关系。事实是，他们在道德座次上大致居于皮条客和乞丐之间。”（同上，第276页）这不免让人联想起元代所谓“八娼、九儒、十丐”的说法（当然，近年已有很多研究指出此说有夸大成分），或许麦考莱下笔之际也是想刺一刺他同代的那些文人。

麦考莱最擅长的，莫过于对那些极富戏剧性的历史场面加以细致描写。单从第一卷来说，写查理二世驾崩，写叛军首领蒙茅斯公爵被斩首，都写得极生动，历历如在目前。我们看看蒙茅斯被砍头的场景：“第一斧下去，仅仅砍出了一个微小的伤口。公爵挣扎着从石墩上抬起头，用责备的目光盯着刽子手。那颗头再次沉下去。劈砍一次接着一次，但脖子仍然没有被切断，身体还在抽动。人群中爆发出愤怒和惊恐的叫喊声。（刽子手）凯奇咒骂着扔掉了斧子，‘我没法干了，’他说，‘我的心不受控制。’‘拿起斧子，混蛋，’执行吏喊道……最终，斧子被拿了起来。接着补上的两次劈砍终结了气若游丝的生命。”（同上，第433页）若在古代，我们定要夸麦考莱具“史迁之笔”。现在，我们则不免要在心里嘀咕：“您在现场看到的？”

这种笔致，的确更像出自沃尔特·司各特，而非一个严谨的史家。但我想说的恰恰是，我们今天来读《英国史》，不必再当它是“史”，而是要像读《三国演义》那样来读它了。

《三国演义》不是《三国志》，是说部而非史书。可是，在我看来，《三国演义》与我们的相关性，比那个三国时代真确的历史事实与我们的相关性更大。历史感觉的习得，其实是必得迂回的，是不能按想象中那样走直线来shortcut（抄近路）的。哪怕你按教科书和考卷那样的方式掌握了某种真确，我们也要说你的那个真确是不作数的，是关于历史的零碎数据，而不是一种贯通的历史感觉。历史感觉的辩证法是，我们最先获得的那个感性认识，哪怕是片面、扭曲或不够确切的，也是一条必经之路。它是我们今后“扬弃”的起点。

就英国史而言，这一辩证法就表现得更明显了。詹姆斯二世也好，奥兰治的威廉也罢，跟我们中国人又有什么相干？我知道不知道他们的事迹又对我的历史感觉有多大影响？

我曾试着以相关性为标准对历史做过一个划分，比如，对于我们来说，“文革”可能就是“一阶”的历史，明清之际或法国大革命可能就是“二阶”的历史，魏晋南北朝或斯图亚特王朝可能就是“三阶”的历史……就历史的客观存在而言，这一段的历史与那一段的历史当然是平等的。可是，我们不妨开玩笑似的套用《动物农场》里的说法——“所有的历史都是平等的，但一些历史比另一些历史更平等”。什么是“更平等”？按我的理解，就是它更与我们相关，这种相关，未必一定以时间或空间上的接近为原则。为什么在我们的感觉里法国大革命比魏晋南北朝离我们更近？因为它关联的那个问题域，与我们的历史感觉有更大的交集。所以，历史在我们面前，不再是一个均质的空间了，历史时段、历史事件、历史人物要纷纷到我们这里来要加权、要区别待遇了。我们在搞那客观的、可复现的历史研究之余，也得另搞一套历史感觉的拓扑学，至少，我们要在自己的头脑里画画历史的等高线了。

夸张一点说，像麦考莱《英国史》这样的书，我们大可以让它在封闭的图书馆里安静地等候均匀降落的灰尘。对我们来说，它已经是木乃伊了。可是，我们中国人永远没有在恰当的时间点读到恰当的书这样的运气，总要慢个半拍或快个半拍，或者就像《英国史》这样，在它被送去粉碎化浆之前，不知中国哪位出版社编辑突然福至心灵，变身巫师，把僵尸唤来了。

读这作为僵尸的历史，是此时此地本不需要它，可它既然来了，我们就该想方设法从里面读出点什么，或是为它注入某种“生气”，或是从死尸里振出那么点儿“活力”来。

我们说像读《三国演义》那样读《英国史》，就是死马当活马医了。我对英国历史本无兴趣，本无关注的意愿，是要借着这“历史小说”来增加一点相关性了。至于1688年的“光荣革命”是否“光荣”，奥兰治的威廉到底伟大不伟大，那是要交给历史感觉辩证法的第二阶段去处理的。

还有一点，如果说不以结婚为目的的恋爱都是耍流氓，那我们就要明白宣布我们今天的读书也都是耍流氓了。为什么呢？因为我们总不是只抱着一个单纯的目的读书。我们不是只为了了解1685年到1702年的英国历史才去读麦考莱的。这还用说吗？如果是为了这个目的，我们本可以去找其他可靠得多的读物。现在我们读一本书，也等于是同时在读几本书：读19世纪历史编撰学的标本，读有点庸俗的维多利亚文风，读一百五十年前人们眼中的优秀读物……当然，同时也读书里讲的那些王室阴谋、政治对立、宗教纷争，作为我下一步批判、反拨的素材。

我的各种“读”，是交织在一起的，相互渗透，相互照明。所以就算它是僵尸，也不要紧，这里割一块组织，那里取一个切片，只当它是一个研究对象而已。我“读”的目的，就算不与原作者的本意完全无关，至少也是有待发明的了。

三

在中国读翻译著作，你读的从来不只是原作者。不管你乐意不乐意，都要“买一送一”，把那通常不怎么痛快的译本体验附送给你。

就算我们再怎么轻视麦考莱的文笔，人家说的那个意思，总要弄对才行。而汉译本的最大问题，当然永远是意思弄不对。

我们现在就以麦考莱开篇自述作意的第二段为例，看看两个译本的水平如何。

原文：

Nor will it be less my duty faithfully to record disasters mingled with triumphs, and great national crimes and follies far more humiliating than any disaster. It will be seen that even what we justly account our chief blessings were not without alloy. It will be seen that the system which effectually secured our liberties against the encroachments of kingly power gave birth to a new class of abuses from which absolute monarchies are exempt. It will be seen that, in consequence partly of unwise interference, and partly of unwise neglect, the increase of wealth and the extension of trade produced, together with immense good, some evils from which poor and rude societies are free. It will be seen how, in two important dependencies of the crown, wrong was followed by just retribution; how imprudence and obstinacy broke the ties which bound the North American colonies to the parent state; how Ireland, cursed by the domination of race over race, and of religion over religion, remained indeed a member of the empire, but a withered and distorted member, adding no strength to the body politic, and reproachfully pointed at by all who feared or envied the greatness of England.

拙译:

记载胜利，也记载灾祸，并记载比灾祸更令民族蒙羞的罪愆与愚行，同样为我职责所在。你们将看到，有些事被我们视为大幸固然不错，但其实也并非全无后患。你们将看到，有效保障我们的自由免遭王权侵凌的那一体制，也催生了一种新的恶习，而这类恶习恰是绝对王权统治下所没有的。你们将看到，一半出于不智的干预，一半出于不智的漠视，财富的增长与贸易的扩张，在创造巨大福祉之余，也带来不少贫困、粗朴的社会所不曾有的罪恶；你们将看到，在王国的两大属地，大错一旦铸成，惩罚如何随之而至；你们将看到，轻率及顽固如何使维系北美殖民地与母国的纽带崩解；你们将看到，在遭罹厄运的爱尔兰，一个种族压制另一种族，一种宗教压制另一种宗教，虽然仍为帝国的一部分，但这一组成部分已如何萎顿、变形，非但不能为国家出力，还被畏惧、妒忌英国之强大的那些人引为攻击的把柄。

周旭、刘学谦译本：

在陈述功绩的同时，如实地记录那些不幸亦是我的职责所在，而民族的灾祸与愚蠢要比其他任何灾难都令人蒙羞。我们将会看到，即便那些被公正地加以陈述的历史功绩，也并非十全十美。我们将会认识到，那个有效保护我们的自由免遭国王权力侵犯的体制，一方面避免了绝对君主制的产生，另一方面却衍生出一个新的特权阶层。我们将会意识到，随着财富的增加和贸易的扩大，在创造巨大福祉的同时，部分因为不明智的干涉，部分因为不明智的忽视，也产生了一些导致贫民和激进组织滋长的邪恶因素。我们还会看到，在王国的两个重要附属领地上，因失策所导致的恶果：北美殖民地何以轻率而顽固地冲破与母国紧密相连的纽带。爱尔兰因为被不同的民族和宗教统治过而饱受非议，实际上，它仍然是英帝国的成员，但已经是日渐衰弱、不被重视的一员，没有增强整个帝国的实力，反而遭到所有那些恐惧和嫉妒英国强大实力之人的横加指责。

刘仲敬译本：

史家秉笔直书，记录灾难、胜利和邦国的大罪、大愚。后两者远比任何灾难更可耻。这些都是我的责任，但我的责任不仅限于此。拙著记述吾人所蒙福佑之要，务求恰如其分。岂容精金美玉，竟因杂质减色。宪制充分地保障了我们的自由免遭王权侵蚀。御座一旦孕育滥权的新阶级，势必撤除防范绝对君主制的藩篱。财富不断增长，贸易不断扩展。善莫大焉。然而，某些邪恶亦将如影随形。部分原因在于不明智的干涉，部分在于不明智的漠视。贫困和野蛮的社会反而不为这些邪恶所累。王室倒行逆施，坐失两大重要属国。种瓜得瓜，果报不爽。他们破坏北美殖民地与母邦的纽带，何其轻率顽固！他们以族治族，以教治教。爱尔兰何辜，竟然遭此诅咒！爱尔兰确实没有脱离帝国，然则元气凋残、苍生倒悬；其于邦本国力，焉有分毫之助？任何人只要羡慕或嫉妒英格兰的伟大，都能以爱尔兰为责难的口实。

先谈谈词汇、句意的理解错误。在 even what we justly account our chief blessings were not without alloy 这一句里，account 其实是“认为、视作”的意思。两个译本，一个译成“陈述”，一个译成“记述”，都错了。而刘仲敬译本将此句译为“记述吾人所蒙福佑之要，务求恰如其分。岂容精金美玉，竟因杂质减色”，则完全误解了句意。所谓 not without alloy，类似“福兮祸所伏”，是说我们眼中的好事、幸事未必百分之百地好。

在 a new class of abuses from which absolute monarchies are exempt 这一说法中，class 相当于 kind 的用法，是“种”的意思，a new class of 就是“一种新的……”。两个译本，一个译成“阶层”，一个译成“阶级”，都错了。至于刘仲敬译本将后半句译为“御座一旦孕育滥权的新阶级，势必撤除防范绝对君主制的藩篱”,则连后面的 to be exempt from(免于……)也没看懂，意思全不对了。

最后一句中的 a member of the empire, but a withered and distorted member，这里的 member 是“肢体”的意思，尤其指胳膊、腿。一个译本译成“成员”“一员”，失却了原本有的比喻意义；而另一个译本中所谓“元气凋残、苍生倒悬”，则未免空泛夸诞。

从风格的角度来看，麦考莱反复使用 It will be seen that……的句式，是明显的排比，而两个译本都未注意及此。本来，麦考莱这种不无虚张声势的文体，用唐宋八大家式的古文腔调来传达，是蛮不错的选择。可惜的是，刘仲敬译本中的文言成分，疵而不醇。往好了说，是优孟衣冠，刻鹄类鹜。而“种瓜得瓜，果报不爽”这类话，就未免成为笑话了。

无论如何，稍微难一点的地方，两个译本都错得太多，让人无法信任。译本的这种状态，也是我用“僵尸”这个比喻的其中一个原因所在：借尸还魂，还回来的不是完璧玉体，而是一边走一边掉渣的僵尸。

《麦考莱英国史》（卷一）
（英）托马斯·麦考莱著，周旭、刘学谦译
安徽人民出版社 2013 年版

《麦考莱英国史》（I）
（英）托马斯·麦考莱著，刘仲敬译
吉林出版集团有限责任公司 2014 年版

P143 填字游戏答案：横向：一、微物之神；二、日出；三、埃博拉；四、提香；五、西游记；六、格陵兰；七、碧池；八、特斯拉
纵向：1. 鲁西西；2. 红日；3. 游泳池；4. 出埃及记；5. 普拉提；6. 香格里拉；7. 福斯特

撰稿人

刘子超，作家、旅行者，毕业于北京大学，曾任《南方人物周刊》记者，为*GQ* 中文版、《南方人物周刊》、《时代周报》等媒体撰稿。著有《穿越印度的火车之旅》等，译有《约翰·厄普代克短篇小说选》。现为《ACROSS 穿越》杂志编辑总监。

梅根·戴（Meagan Day），作家，句点网（Full Stop）专题栏目的联合编辑，并为《格兰塔》（*Granta*）杂志撰写评论。她在旧金山的《麦克斯韦尼斯》（*McSweeney's*）杂志有一份全职工作，部分时间生活在伊斯坦布尔。

金宇澄，1952 年生于上海，1969 年赴黑龙江农场务农，1977 年回沪。1988 年起历任《上海文学》杂志编辑、编辑部副主任、编审。小说《繁花》出版后反响强烈，先后获得多项文学大奖。

冯立，摄影师，1971 年生于成都，作品曾在平遥、连州、济南、北京、旧金山等地展出，获第八届连州国际摄影年展"新摄影年度评委会大奖"、第四届中国济南国际摄影双年展"最佳摄影师大奖"，代表作有《白夜》系列。

朱墨，自由摄影师，曾在《新京报》、现代传播等媒体任图片编辑，并与《生活》、《三联生活周刊》、*GQ*、*domus* 等杂志合作。他曾在 2012 年入围三影堂摄影奖，2013 年参加首届北京国际双年展。

李静睿，记者、作家，生于四川自贡，毕业于南京大学，曾供职于《新京报》。著有随笔集《愿你的道路漫长》、短篇小说集《小城故事》等。

庄秋水，作家、媒体人，生于山西忻州，毕业于北京大学中文系，先后在《南方都市报》、《京华时报》、《东方早报》等媒体供职。

邹波，诗人、专栏作家，现居加拿大，曾任《经济观察报》设计总监、《生活》杂志采访部主任、《锦绣》杂志主笔等。著有《书与画像》、《现实即弯路》、《外省精神》等。

科迪莉亚·法恩（Cordilia Fine），加拿大裔英国籍作家、心理学家，法恩在伦敦大学学院拿到心理学博士学位后，先后出版了两部关于神经科学和心理学方面的专著，并为一些学术刊物撰文。她在《澳大利亚人报》上开设了自己的专栏“现代思维”。

张宇凌，自由撰稿人、艺评人、策展人，生于重庆，先后就读于北京大学和巴黎索邦大学，获艺术史博士学位。著有《唯美主义》，翻译作品有《中世纪社会》、《是从中国，我给你写信》等。现任教于中央美术学院。

江弱水，安徽青阳人。香港中文大学哲学博士，现为浙江大学教授、博士生导师，兼任国际文化学系主任。著有《中西同步与位移》、《古典诗的现代性》、《抽思织锦》、《文本的肉身》等诗学专著，并有诗集《线装的心情》和随笔集《陆客台湾》、《赖床》。

刘铮，笔名乔纳森，通七门外语的资深书评家。著有《始有集》，编有《日本读书论》。评论散见于《读书》、《书城》、《天南》、《印刻》、《万象》、《南方周末》、《东方早报·上海书评》、《南方都市报》等报刊。

图书在版编目（CIP）数据

单读 .8 / 肖海生主编 . — 桂林：广西师范大学出版社，2014.12
ISBN 978-7-5495-6205-3
Ⅰ . ①单… Ⅱ . ①肖… Ⅲ . ①社会科学 – 文集 Ⅳ . ① C53

中国版本图书馆 CIP 数据核字 (2014) 第 289347 号

广西师范大学出版社出版发行
桂林市中华路 22 号　邮政编码：541001
网址：www.bbtpress.com

出 品 人　刘瑞琳
责任编辑　李鹏程
美术总监　黄灵子
设计制作　于 晓
责任校对　百川东汇文化传播
全国新华书店经销
发行热线：010-64284815
北京汇林印务有限公司 印刷

开本：787mm × 1092mm　1/32
印张：8.75　字数：153 千字　图片：16 幅
2014 年 12 月第 1 版　2014 年 12 月第 1 次印刷
定价：36.00 元